JN119244

国語学力UP！

ザ・中学国語授業

言語力3倍深まる「学習の手引き」活用術

鈴木一史 編著
ことばをひらく会 著

目次

2章　主張と事例を整理して要旨を捉える「説明文／評論」の授業

3章 現代につながる歴史的背景や文化をつかむ「古典」の授業

教科書の手引きと読みの方略

鈴木一史（茨城大学教育学部教授）

一、教科書の手引き

教科書の「読むこと」の教材では、教材文の後に学習の手引きが載せられています。この手引きは教科書によって、「みちしるべ」（教育出版）、「学習」（光村図書）、「てびき」（東京書籍）など呼び方はさまざまですが、要するに、この教材文を読んでどのようなことを考えれば良いかという問いかけが示されています。このような教科書の構成は昭和33年に学習指導要領が告示される前、昭和22年の試案をもとに作られた「文部省検定済教科書」にも同様の項目が見られます。例えば、教育出版「中学国語　三の上」では、「Ⅱ思索と随想」という単元の中に「小さいカヌー（生徒の作文）」「とんぼ（寺田寅彦）」「なた（幸田文）」「つれづれ草（吉田兼好）」の文章が収録され、その単元の最後に「研究」として、

「『とんぼ』について、次のことを調べよう。

「この文は、『とんぼ』のどういうことについて考えたことか。短い文にして発表しあってみよう。」

と書かれています。

また、東京書籍「新しい国語　中学一年　下」には、「八　文章の味わい」を単元として「うさぎ（志賀直哉）」「山の雪（高村幸太郎）」の作品が採録され、二つの作品の後に「学習のたすけ」として、

「一　この文章に現れる音と足あとについて、次の点を中心に話しあってみよう。」
「五　めいめいの土地の冬の姿を文章に書き表してみよう。」
という課題が書かれています。

このように教科書とは、文章だけでなく、この文章を読んでどのような学習をするのかということが示されたものだと言えます。この教科書の構成に大きな役割を果たしたのが戦前から戦後に活躍した国語教育実践家の大村はま（１９０６―２００５）です。大村先生の教育実践と教育思想は「大村はま国語教室」（筑摩書房１９８３）を参照していただき、特に手引きについては、源流や詳細については各研究成果の論考に委ねますが、大村はま先生の功績が大きいことは間違いありません。そして「学習の手引き」の定義については「国語教育指導用語辞典」（教育出版１９８４）では、次のように書かれています。

「教材のあとに、読解のための問いかけや発展的な活動を示したもの。文章の集成であったそれまでの教科書を、主体的な言語活動を重視する戦後の国語教育観に適合させるために導入されたのが、現在の学習の手引きの起点である。」

このように戦後から現在まで連綿と続く手引きですが、その手引き自体の構成はどのように組み立てられているのでしょうか。主に上記の定義には「読解のため」と指摘されているように、「読むこと」の教材のあとに付けられている手引きは、各文章の内容に完全に依拠した学習課題もあります。しかしもう少し俯瞰的かつ構造的に見てみると、この手引きにはいくつかのまとまった学習課題となっていることが読み取れます。これは、読みの方略ともいえるもので、文章を読むということは何を読み取ればよいのかという「読解」と密接に関わってきます。そして、戦後から国語科教育の中で「読解」の中心に据えられてきた読み方が「三読法」です。

二、三読法

三読法とは、「国語教育研究大辞典」（明治図書１９９１）には「解釈学的立場の指導段階である通読・精読・味読の三層法、三段法をいう。（中略）三読法の源は、石山修平の解釈学的指導過程にある。」と定義され、現在の国語の教科書にも掲載されている「大造じいさんとガン」の指導事例が次のように紹介されています。

「全文を通読し『大造じいさんとガン』についての感想を持つ」

「大造じいさんと残雪の知恵比べを読み取る」

「朗読したり感想を書いたりする」

これらはまるで、現在（２０２２）の国語の授業の学習課題のようです。このことは、石山修平の「教育的解釈学（１９３５）」から始まっているわけですが、現在の国語教育の教科書にも大きな影響を与えていると言えます。この三読法にも異論は提出されていますが、文章を解釈するうえでの読みの方略として、意識的か無意識的かは問わず、このように読むことが自然のように思われています。それはやはり教科書の存在が大きいようです。つまり、教科書にある読解方法として三読法の読み方を学習してきた人が、今度は教師として教科書に沿って読み方を教えるという連鎖です。

この三読法は、解釈学的見地からの読みの方略であり、石山修平を源とする読み方ですが、この読み方は厳密に踏襲されるのではなく、いろいろに変化して継承されてきています。

例えば、平成21年の学習指導要領の改訂に伴い、文部科学省が示した「言語活動の充実に関する指導事例集【中学校版】」（平成24年）には、国語の事例のポイントに、

「『考えを書く』『話し合う』といった活動が脈絡なく行われることのないよう、生徒が自ら学び、課題を解決していくための学習過程を明確化し、単元を貫く言語活動を位置付けることが必要である。」

と示されています。このことにより、「単元を貫く言語活動」という文言が国語科教育の授業で大きく取り上げられた時期がありました。現在はその文言は使われなくなりましたが、この変遷の経緯に「三読」が関係しているように見えます。つまり、「単元を貫く言語活動」であるはずのものが、三読法の最後の味読の学習になっていたのです。具体的には、三読法の味読にあたる朗読や鑑賞が「言語活動」と捉えられ、最後に「朗読会を開こう」などの授業を入れれば「言語活動」と捉えられました。つまり、授業内容としては今まで通りの三読法である「初めに通読し、意味調べをし、段落ごとに心情を考

え、最後に朗読会を開く」という旧態の読みの方略に「単元を貫く言語活動」なるものが組み合わさった結果、現場での混乱が生じてしまったのです。

つまり、この三読法は、私たちの中にかなり強い枠組みとしての影響力を持っているということです。

そして、現在の学習指導要領でも、「読むこと」の学習でこの三読法の片鱗を見ることができます。「読むこと」の指導事項の内容として、以下の構造になっていることが示されています。

「『読むこと』の指導事項　内容の(1)は、学習過程に沿って、次のように構成している。

○構造と内容の把握

○精査・解釈

○考えの形成、共有」

ここで注目すべきは、やはり三つの観点で指導事項が示されていることと、この三つが「学習過程」として設定されていることです。ところが、この上記の三観点の源は三読法にはありません。しかし、上記のように私たちは三読法があまりに強い影響力と歴史を持つために、三読法の延長線上にこの指導事項を読むことになります。これでは、「単元を貫く言語活動」の時のように、異質なものの融合体としてねじれが生じてしまう恐れがあるのです。それでは、この三観点をどのように捉えれば良いのでしょうか。

二、読みの三層

国語科だけではなく、すべての教科の学習指導要領には、その改訂の経緯と理念が示されています。平成21年告示の学習指導要領では「改訂の経緯」に

「ＯＥＣＤ（経済協力開発機構）のＰＩＳＡ調査」など各種の調査からは、我が国の児童生徒については、例えば、

①思考力・判断力・表現力等を問う読解力や記述式問題、知識・技能を活用する問題に課題、

②読解力で成績分布の分散が拡大しており、その背景には家庭での学習時間などの学習意欲、学習習慣・生活習慣に課題、

③自分への自信の欠如や自らの将来への不安、体力の低下といった課題、が見られる」

とあります。

つまり、指導要領の改訂にはOECDの調査結果が大きく影響し、それに伴い国語科の指導事項は、「読むこと」の指導事項として、

「○語句の意味の理解に関する指導事項

○文章の解釈に関する指導事項

○自分の考えの形成に関する指導事項

○読書と情報活用に関する指導事項」

となりました。これが、平成29年告示の学習指導要領で「国語科の改訂の趣旨及び要点」に「中央教育審議会答申においては、小・中学校の国語科の成果と課題について、次のように示されている。」として、その第一に「PISA2012(平成24年実施)においては、」とPISA調査を挙げ、結果的に、上記のような三観点「構造と内容の把握、精査・解釈、考えの形成、共有」に収斂されています。

では、このPISA調査における三観点とは何でしょうか。それは、

「情報の取り出し…テキストに書かれている情報を正確に取り出すこと。

解釈…書かれた情報がどのような意味を持つかを理解したり、推論したりすること。

熟考・評価…テキストに書かれていることを知識や考え方、経験と結び付けること。」

です。つまり、この三観点が、学習過程の「構造と内容の把握、精査・解釈、考えの形成、共有」に対応していきます。

しかし、問題は、もともとのPISAの読解力として設定されている三観点は「学習過程」ではないということです。この三観点は、読みという行為には三つの層がある、という意味です。そして、それらの層どうしの関係は指導上の順序性を

持つものではありません。このことは、指導要領にも示されていて、「ここに示す学習過程は指導の順序性を示すものではない」と明記されています。それにも関わらず、「学習過程」という言葉に引きずられて、この順番で読んでいく必要があると考え、三読法を踏襲して授業で取り扱う事例が多くみられます。そして、教科書教材の「学習の手引き」もこの三観点に沿って示され、学習の順序として指導されます。

そこで、本書では、教科書の手引きを学習の三観点として捉えなおして、順序よりも「層」であることを念頭に置いて指導に取り入れ、学習材を最大限有効に活用する方法について現場の先生たちの知見を集めました。また、評価については、「層」を「表」としてまとめることで、よりわかりやすく、学習者にも伝えやすくなるようにしました。そして、読みの観点を「活動」だけに終わらせないようにするために、ワークシートなどを設定して、十分な能力をつけるための形も示しました。これによって授業実践の一助になれば幸いです。

四、おわりに

本書は限られた紙幅のため、網羅的な読みの学習指導を示すことができませんでした。そのため定番教材と呼ばれる教材を中心に読みの授業を紙面化することになりました。教科書会社も偏りのないように教材を選定したつもりですが、中には時を経て教科書掲載から落ちていく文章もあるかもしれません。しかし、本書で取り上げ、かつ読みの「層」として設定してきたことは、敷衍性を持つことと確信しております。かつ、その授業として紙面にあらわされた内容は経験豊富な授業者たちの暗黙知を形式知として表出された稀有な書籍だと感じています。

本書が、まだ教師経験の浅い先生方にとって、先達の教師経験を自分に取り込める本となることを願っています。

少年の日の思い出

解釈で異なる「語り手」生徒が物語を俯瞰する

安 暁彦

本教材の構造は、「額縁構造」であると言われたりするが、厳密にはそうなっていない。もし、本教材が「額縁構造」なら、語りの場面は「現在」に戻ることになり、その場合、語り手が「私」に戻るはずである。しかし、「僕」の語りで物語は閉じられていく。本教材の最も着目すべきところが、この構造だと考える。そのため、教科書のその構造に着目し、「語り方」の解釈によって解釈が変わる本教材の特徴に触れているのが、教科書の導入である。この学びを実現するために、教科書に示された「三層」の読みを、学習活動として展開する。

① 現在の場面と回想場面で起こっている出来事を整理する。
② 「客」が「もうけっこう。」「実際話すのも恥ずかしいこと。」と述べた理由を整理する。
③ 「僕」と「エーミール」の関係を、語句の意味を比較しながら明らかにする。

三層でより深く読む！ 授業ポイント

・語句の辞書的な意味と文脈上の意味との関係を整理して構造と内容を把握する。（構造と内容の把握）
・場面の展開や登場人物の心情の変化を、描写に基づきながら捉える。（精査・解釈）
・語り手に着目して作品を読み、意見を交流するなどして、自分の考えを確かなものにする。（考えの形成、共有）
まず、本教材の「現在の場面」と「過去の場面」の場面分けを基に、八つの場面の展開を捉えていく。

次に、「僕」と「エーミール」の関係を、語句の比較から明らかにする。

最後に、「山場」と「結末」の場面はどこか、という問いについて、自分の考えを形成する。

課題「学習の手引き」

1 物語における「場面」とは何か、生徒の学習体験を踏まえて、整理する。

【発問例】

・小学校のとき、「場面」とはどのようなものだと学習してきましたか。
・場面を表す言葉は、いくつありますか。
・場面は、どのように分けますか。
これらの発問を通して、多様な学習体験を言葉で表現させるとともに、共通の理解として以下の場面分けを提示する。

① 導入
② 展開
③ 山場
④ 結末

構造と内容の把握

授業の実際 第一時・第二時

目標……場面の展開や登場人物の心情の変化を捉える方法を整理する。
※ガイダンスとして位置付け、評価の場面は設定しない。

(○は教師の発問 ・は生徒の反応)

○皆さんは、これまでの学習体験で、物語の「場面」をどのように分けてきましたか？
・時間に注目して分ける。
・登場人物の言動に着目して分ける。
・「はじめ」「なか」「おわり」で分ける。
○今回は、「場面分け」を次のように捉えてみましょう。このように、定義を整理してから読むと、場面を捉えやすくなりますよ。

【場面分け】

導入……登場人物の設定や、場の設定、時の設定、展開部までの物語内容など、これから始まる事件の枠組み(語り手設定や話の展開など)が、はじめに説明的に述べられた場面。

展開……生き生きと人物が行動し発展していく「事件」部分のうち、人物が動き出し、一進一退が繰り返される前半部分。

課題「学習の手引き」

2　現在の場面と回想場面で起こっているできごとを整理しよう。

○問いへの手立て

時間的、空間的な展開や登場人物の心情や行動を捉えて分けると、八つの場面に分けられると考える。

○学習の手順

（定義を基に、八つに分けることを提示した上で）

①生徒が教科書の叙述を基に、個人で分ける。

②学習班で相互に聞き合い、共通点と相違点を整理する。

③もう一度、場面分けの定義を基に、八つに分けた時の最適解を共有する。

山場……展開部を受け、より緊迫感を増し事件展開のテンポが速くなる後半部分であり、人物相互の関係性や人物の内面の変化、葛藤がより高い密度で描写される。中心人物がこれまでの葛藤を乗り越え解決を迎える、あるいは様々な経緯から破局を迎える決定的瞬間（クライマックス）を含む場面。

結末……物語、または小説の事件が終わった後の部分で、その後中心人物さらにはその他の人物がどのようになったかという後日談が紹介されたり、語り手の解説や意味付けが示されたりする部分。

○「導入」、「展開」、「山場」、「結末」の四つの定義と照らしながら、場面を分けていきましょう。

・「導入」は、「私」が話している最初の場面かな。

・「展開」は、「客」が回想を始めるところからだね。

・「僕」が、チョウをこなごなにする場面が「結末」だと思ったけれど、ここが「山場」かもしれない。そうすると、「結末」に当たる部分が見つからないことになるな。

・そうなると、二通りの「結末」が考えられるよね。一つは、「結末」がない、という場合。もう一つは、「結末」が冒頭の「私」と「客」のやりとり、と解釈する場合。

前者だと、結末の推察は読者に委ねられるから、語り手は「僕」ということになる。一方、結末（後日談）を冒頭の部分と解釈すると、語り手は、「私」と考えられるのかもしれない。この解釈が、読者によって選択されるとするなら、この物語は奥が深いな。

課題「学習の手引き」

〈板書例〉

導入　展開（山場）　結末で分けるとすると・・・							
導入 結末	展開						山場
①	②	③	④	⑤	⑥	⑦	⑧
「私」のもとを訪れている「客」と「私」のやりとりの場面。	「客」が「僕」として回想をし始める場面。	「僕」がエーミールに青いコムラサキを見せる場面。	エーミールがヤママユガをさなぎからかえしたという噂が広まった場面。	「僕」はエーミールの家に向かい盗みを犯し、蝶を潰してしまう場面。	家に帰り、母に打ち明け、母に諭されエーミールの家に向かう場面。	エーミールの家に向かい、エーミールとやり取りする場面。	その場を立ち去り、家に戻り、遅い時間に自分が収集した蝶を一つ一つ潰す場面。

本教材は、語り手を「私」と捉えるか、「僕」と捉えるかで、山場や結末の場面の解釈が違う構造になっている。

つまり、「少年であった日」から時間が経った段階でこの物語を読むのと、「少年であった日」当時の視点で読むのとで、結末が違っているのである。

本教材の教材研究から、この違いを教師が明確にしておくことが重要である。

生徒は、たとえ語り手が、「私」であることを教師が指導しても、必ずしも納得するとは限らない。その解釈は、生徒(学習者)固有のものであり、否定されるものではない。「導入」「展開」「山場」「結末」と、大きく四つの定義に沿って分けられれば○である。

さらに、四つの場面に分けたとき、その理由を、場面と場面、場面と描写を結び付け、根拠を示して自分の解釈を説明することができれば、◎である。このように、評価においても生徒の学びを峻別できるように工夫することが望ましい。

生徒の声・つまずきポイント、ノート事例

◇はつまずきポイント
◆はノートや板書事例

◇生徒には、「〜の場面」と、場面分けの文末表現を提示しないと、分け方がばらばらになってしまう。
教師は、話型を提示することで、生徒が整理しやすくなるようにする。

◆場面を分けるときは…
「〜の場面。」と表現するよう、文末の書き方を指導する。

課題「学習の手引き」

3 「客」が「もうけっこう」、「実際話すのも恥ずかしいこと」と述べたのはなぜだろう。

○問いへの手立て

まず、「ランプ」、「闇」、「不透明」、「青」、「夜色」などの言葉を辞書で調べる。

次に、それに対して、「きらびやか」がどのような対比を示しているかについて問う。

最後に、「伏線」を調べ、この場面が、「客」にとって恥ずかしく、暗い過去を明らかにする場面であることを捉えられるようにする。

精査・解釈

授業の実際　第三時

目標……語句の辞書的な意味と文脈上の意味との関係を整理して構造と内容を把握する。

○本時は、導入と結末を結び付ける「私」の語りの場面において、「客」が「もうけっこう。」実際に話すのも恥ずかしいこと」と述べた理由を整理しましょう。

・「私の末の男の子が、おやすみを言ったところ…」というところから、「私」も「客」も、子供をもつ年齢ということがわかるね。

・チョウについて「客」が語る場面に向けて、物語が暗い雰囲気に向かっていく気がするな。

○なぜ、そのように考えられるのか。本文の言葉から根拠を見つけてみましょう。

☆「ランプ」、「闇」、「不透明な青い夜色」などの言葉を生徒が見つけられるようにする。それに対して、「明るいランプ」、「きらびやか」、「光り輝いた」などの言葉との対比を考察できるように展開する。これらの対比によって、生徒が「伏線」を捉え、これから語られる回想が暗く、苦く、重苦しい思い出であることを明確にできるようにする。

☆それ以外にも、明と暗をほのめかす「たばこの火」や、闇との関連を想起させる「緑のかさ」のランプ、闇と「客」を一体化させる「窓の縁」は、伏線のキーワードとなるだろう。これらの言葉を捉えることも重要であると考える。

課題「学習の手引き」

4 「僕」と「エーミール」との関係について。

(1) 「僕」と「エーミール」のチョウに対する思いは、それぞれどのようなものか。

○問いへの手立て

①「僕」と「エーミール」のチョウに対する思いを示す語句を、本文から抜き出す。

②それぞれの語句を比較し、キーワードとなる言葉をいくつかに精査する。

③②を基に、「僕」と「エーミール」のチョウへの思にについて、自分の考えを明らかにする。(2)、(3)の問いについて取り組む場合も、これらの手立てに準拠する。

授業の展開 第四時・第五時

目標……場面の展開や登場人物の心情の変化を、描写に基づきながら捉える。

○「僕」と「エーミール」の「チョウ」に対する思いは、それぞれどのようなものか、教科書の語句をそれぞれ抜き出そう。

「僕」

・とりこ ・心を打ち込む ・美しい ・熱情 ・貪るような ・うっとりとした
・宝 ・捕らえる喜び ・緊張と歓喜 ・微妙な喜びと激しい欲望
・幼稚な設備 ・獲物 ・興奮 ・熱烈 ・不思議 ・優雅 ・欠点
・逆らいがたい欲望 ・満足感 ・珍しい ・こなごな

「エーミール」

・小さく貧弱 ・手入れの正確な ・一つの宝石 ・非常に難しい珍しい技術
・珍しい ・二十ペニヒくらいの 金の値打ち ・欠陥 ・繕うために努力した

☆「僕」は、チョウを捕らえること自体に価値を見いだす見方である。一方エーミールは、「標本としての価値」を重視する見方である。語句の対比、文脈上の意味を検討することを通してこの違いを捉え、見方の違いを受け入れられない「僕」は、自らチョウを指でこなごなに潰してしまう選択をすることとなることをおさえる。

課題「学習の手引き」

「僕は、そっと食堂へ行って……指でこなごなに押し潰してしまった。」のはなぜだろう。

この作品は、「客」の少年時代の回想で話が終わる。この回想は、「私」によって語られているわけだが、この話を現在の「客」(=回想の中の僕)が聞いたとしたら、自分自身の少年時代について、どのようなことに気づくだろうか。意見を交流しよう。

語り手問題
「僕」が実質的な語り手となり、「私」と「読者」に語りかけている可能性
エーミール
僕
お手伝いさん
母
客
私
「語りの現在」
「私」が「客（友人）」から聞いた話を語り直した物語の可能性
片縁（かたぶち）構造

考えの形成、共有

授業の実際　第六時・第七時

目標……語り手に着目して作品を読み、意見を交流するなどして、自分の考えを確かなものにする。

○さて、もう一度本教材の「構造」を確認しましょう。「語り手」が誰か、という問いを提示します。

語り手を「僕」と考える場合、語りの現在は、過去に移されることになります。その場合、「山場」はエーミールのチョウを盗む場面となり、「結末」はチョウを「指でこなごなに押し潰してしまった」場面になると考えられます。

一方、語り手を「私」と考える場合、「私」が「客」の話を聞いて「客」の回想を語り直したと考えられます。その場合、「語り」は現在に戻り、「客」は改めて自分が語った内容を客観的に知ることになります。そのため、「山場」はチョウを潰す場面、「結末」は後日談としての現在、という位置付けになると考えられます。

あなたはどちらがこの作品の「語り手」だと考えますか。そして、それはなぜですか。

・語り手は「私」で、「客」は、「私」に過去の恥ずべき話を話すことによって、罪を償っていることになる。つまり、「一度起こったことは、二度と償えないものである、というわけではない。」という明るいエンディング（グッドエンド）といえる。

・語り手は「僕」であり、やはり「一度起こしてしまったことは二度と償えないものだ。」という破滅的エンディング（バッドエンド）といえる。　☆どちらの立場でも○。

「読みの三層」ルーブリック

	教材の課題	A　十分達成している	B　おおむね達成している	C　達成していない
構造と内容の把握	・語句の辞書的な意味と文脈上の意味との関係を整理して構造と内容を把握する。	「僕」と「エーミール」それぞれについて，チョウに対する思いを示す言葉を詳細に取り出し，その違いが「山場」や「結末」に関連していることを見いだしている。	「僕」と「エーミール」それぞれについて，チョウに対する思いを示す言葉を複数取り出し，その違いを見いだしている。	「僕」と「エーミール」それぞれについて，チョウに対する思いを示す言葉を取り出すことができていない。
精査・解釈	・場面の展開や登場人物の心情の変化を、描写に基づきながら捉える。	チョウを指でこなごなに押し潰してしまった理由について、「エーミールに軽蔑され深く心が傷ついたため」と解釈するとともに，語りの現在との関連を見いだしている。	チョウを指でこなごなに押し潰してしまった理由について、「エーミールに軽蔑され深く心が傷ついたため」と解釈している。	チョウを指でこなごなに押し潰してしまった理由について、叙述を基にした理由を明らかにすることができていない。
考えの形成、共有	・語り手に着目して作品を読み、意見を交流するなどして、自分の考えを確かなものにする。	チョウを指でこなごなに押し潰してしまった場面を「山場」と捉え，語り手である「私」が語り直し、「客」が心の闇を相対化して抜け出すことを求めた話であると理解している。	チョウを指でこなごなに押し潰してしまった場面を「結末」と捉え，語り手である「僕」が一度起こったことは償うことができないものだという教訓を得た話であると理解している。	「山場」や「結末」に照らして考えることができず，「語り手」について考える意味を理解していない。

ルーブリック活用と評価

「場面分け」は、これまでの文学的な文章の学習の既習事項であるため、ここでは評価の対象としない。しかし、「導入」、「展開」、「山場」、「結末」の定義が生徒の中で共有されていることは、評価する上で非常に重要であると考えられる。

それらの定義に照らして考えを形成する過程を整理すると、上記のルーブリックを効果的に活用できる。

ルーブリックはＡＢＣのランク付けではなく、生徒の学習の実現度を判断する指標である。そのため、ルーブリックを生徒と共に作成することもおすすめしたい。

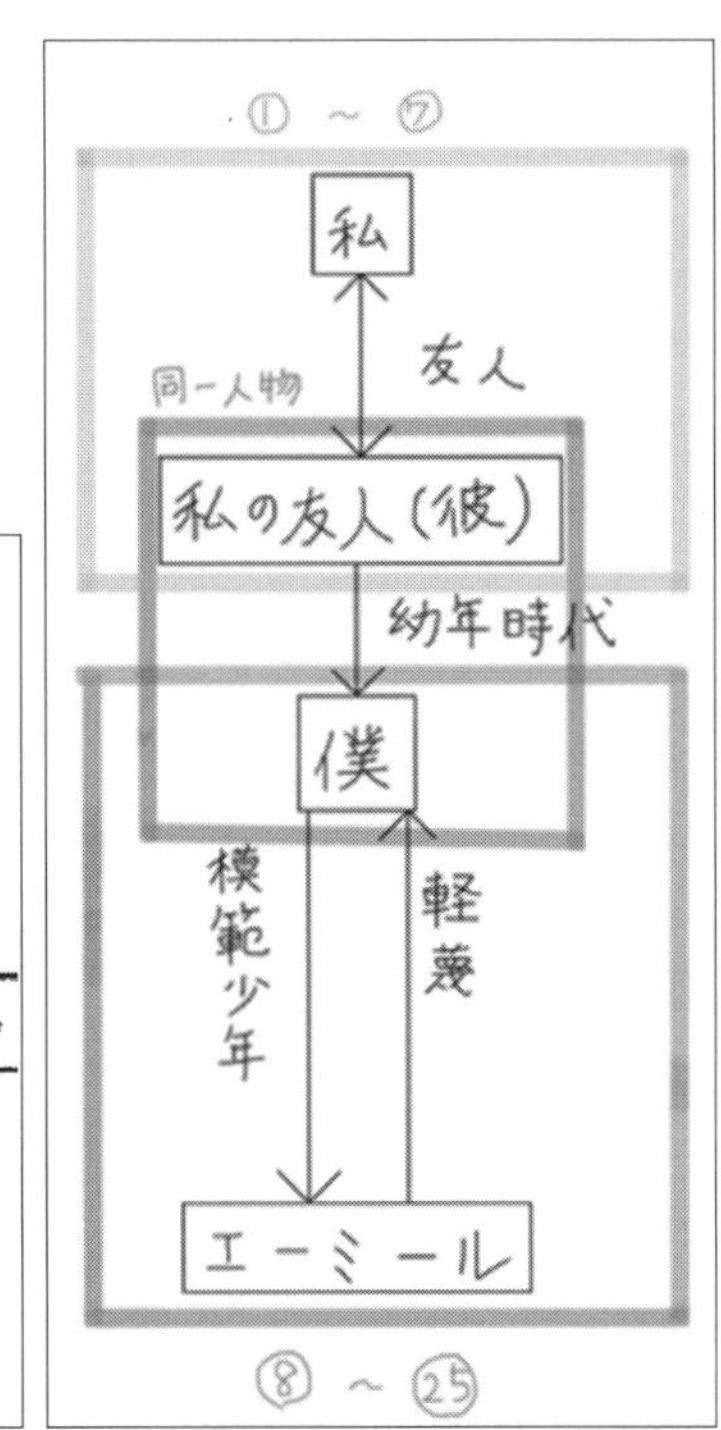

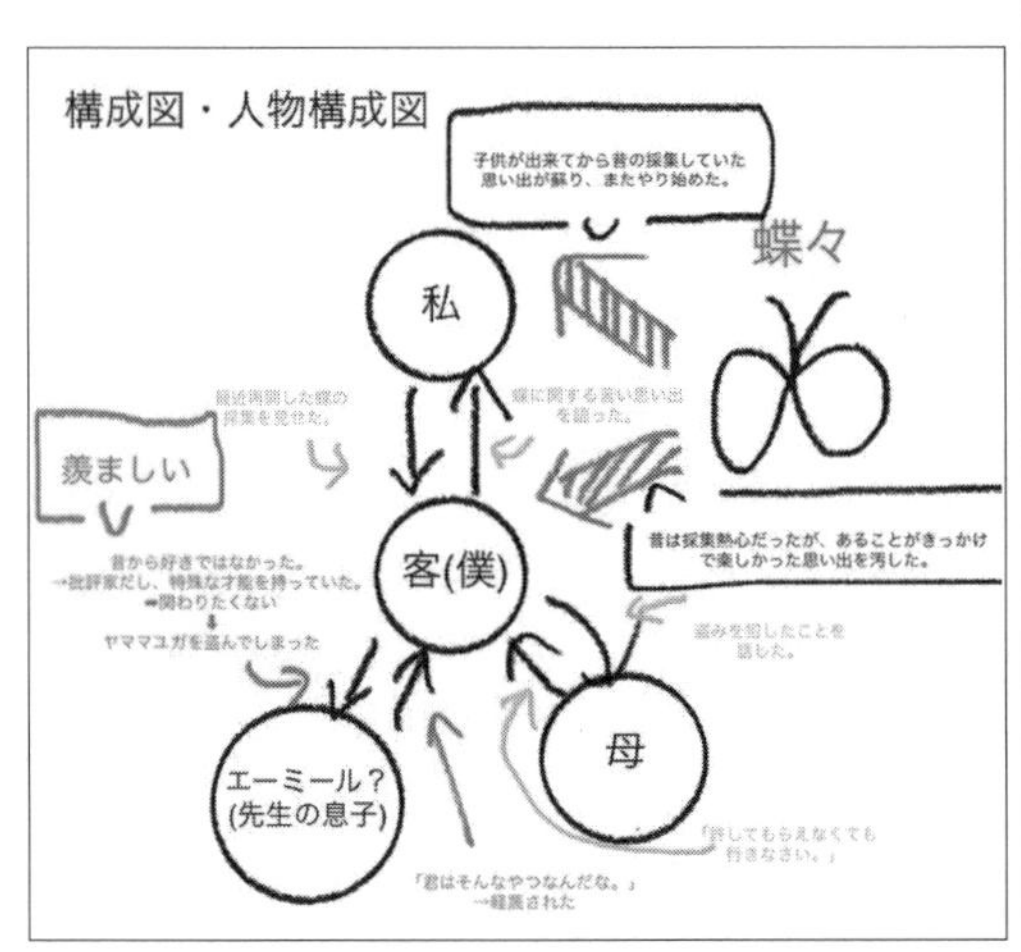

右の図は、生徒Aが本教材の構造を明らかにした図である。図から、本生徒が「語りの現在」と「語りの過去」を明確に把握し、更に友人が、二つの時間軸を往来する登場人物であることを明らかにしている。本生徒は語り手を「私」と捉え、本教材が、「私」によって、「客」を心の闇から救済する構造を持つ物語であると解釈している。この姿をAの姿と捉えることができる。

左の図は、生徒Bが「構成図・人物構成図」として作成したものである。本姓とは人物相互の関係性から構造を明らかにしようとするアプローチである。この姿もAの姿と捉えることができる。

導入　展開（山場）　結末で分けるとすると・・・							
山場	展開						導入 結末
⑧	⑦	⑥	⑤	④	③	②	①

導入

登場人物の設定や、場の設定、時の設定、展開部までの物語内容など、これから始まる事件の枠組み（語り手設定や話の展開など）が、はじめに説明的に述べられた場面。

問い

「少年の日の思い出」の導入は、①～⑧のどの場面か。

展開

生き生きと人物が行動し発展していく「事件」部分のうち、人物が動き出し、一進一退が繰り返される前半部分。

問い

「少年の日の思い出」の展開は、①～⑧のどの場面か。

山場

展開部を受け、より緊迫感を増し事件展開のテンポが速くなる後半部分であり、人物相互の関係性や人物の内面の変化、葛藤がより高い密度で描写される。中心人物がこれまでの葛藤を乗り越え解決を迎える、あるいは様々な経緯から破局を迎える決定的瞬間（クライマックス）を含む場面。

問い

「少年の日の思い出」の山場は、①～⑧のどの場面か。

結末

物語、または小説の事件が終わった後の部分で、その後中心人物さらにはその他の人物がどのようになったかという後日談が紹介されたり、語り手の解説や意味づけが示されたりする部分。

問い

「少年の日の思い出」の結末は、①～⑧のどの場面か。

授業活用のポイント

「場面分け」のためのワークシートである。

パワーポイントで作成した四つの場面について考え方を共有し、これらに照らして場面分けをさせると良い。

また、これらはＩＣＴツール等を通して共有することも考えられる。

↑
19～21ページ
のデータの
ダウンロード用
QRコード

大人になれなかった弟たちに……

人物の思いに寄り添いながら作品を読む

比佐 中

主な登場人物は、「僕」「母」「ヒロユキ」であり、三人の相互関係に着目して、物語の構造と内容を把握するようにする。

この作品は、「ヒロユキ」の生と死に対する「僕」の心情と「母」の言動が書かれており、二人の思いを想像しながら読むことができる。一方で、「ヒロユキ」が死んだ日の様子では、直接的に心情を表す言葉はなく、行動や会話、情景の描写を通して「僕」と「母」の思いが伝わってくる書かれ方となっている。こうした暗示的に表現されている場合もあることを踏まえ、場面の様子について丁寧に読むよう指導していきたい。

構成については、語り手が語る額縁型の作品となっており、過去の回想表現と現在の心情を表す表現、現在から過去を解説する表現があるため、そうした表現の違いについても着目させていきたい。

単元目標達成の授業導入ポイント

・描写に着目して登場人物の心情を捉える。（構造と内容の把握）
・題名や表記のもつ意味や作者の意図を考える。（精査・解釈）
・朗読会を行い、学習を振り返る。（考えの形成、共有）

登場人物の心情は、心情を直接的に表す言葉だけではなく、登場人物の行動や様子、情景描写を通して表現されていることを確認する。

作中で登場する「僕」の弟は「ヒロユキ」だけであるにも関わらず、題名が「弟たちに」となっていることの意味を問いかけ、作者の意図を考えられるようにしていく。

単元導入での生徒の音読を録音しておき、学習後の朗読と比較することで、どのような描写に着目し、何を読み取ったのか振り返られるようにする。

課題「学習の手引き」

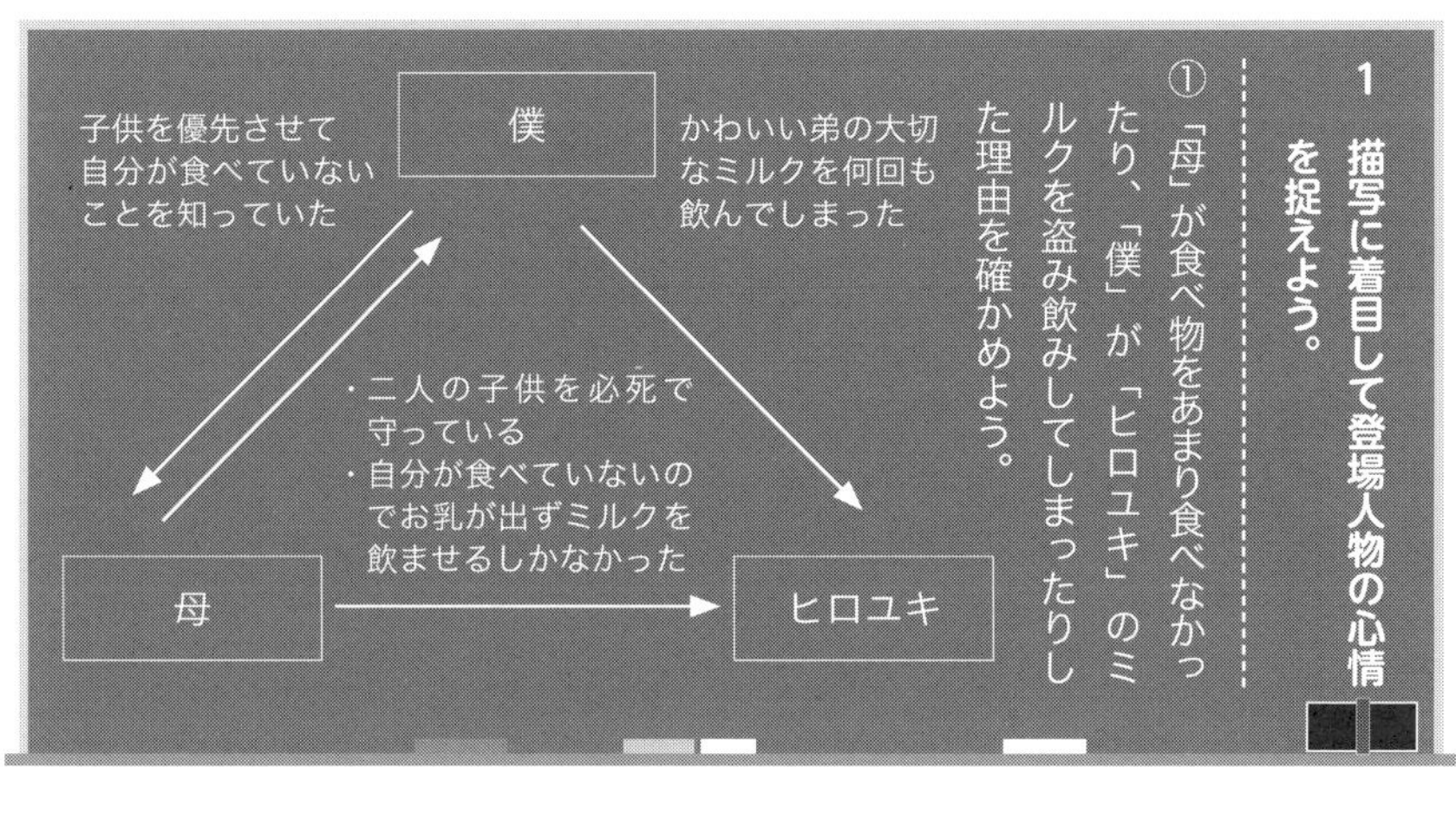

構造と内容の把握

目標……描写に着目して登場人物の心情を捉える。

導入

本時の課題を確認し、「描写」について確認する。

○描写とは何のことですか。

・描写とは、物事の様子や場面、登場人物の行動や心情などを、読み手が　具体的に想像できるように描いたもの。

・描写に着目することで、登場人物の行動や心情の変化を捉えることができ、より深く作品を味わえる。

展開1

「母」と「僕」の行動の理由について、相関図を基に考える。

○母はどうしてあまり食べ物を食べなかったのでしょう。

・食べ物が十分になかったので、子供たちを優先させて、自分は我慢していたから。

・だからお乳が出なくなり、おもゆやヤギのミルク、配給のミルクをヒロユキに与えていた。

○僕はどうしてヒロユキのミルクを盗み飲みしていたのでしょう。

・甘いものがない時代、かわいい弟であるヒロユキの大切なミルクだと分かっていたが、甘いミルクはよだれが出るほど飲みたいものだったから。

課題「学習の手引き」

2 次の部分から読み取れる、「僕」や「母」の気持ちを考えよう。

・「僕はあんなに美しい顔を見たことはありません。」

親戚と農家の人の対応を表にまとめ、比較しながら「母」の心情を読み取っていく。

親戚の人の対応とその時の心情	農家の人の対応とその時の心情
○「うちに食べ物はない」 ・親戚なのに頼ることもできないのか。戦争が人間関係も変えてしまった。 ・悔しいけど、子供に言い争いを見せたくない。 ・これからは、自分一人で子供を育てなくちゃいけない。	○田植えの時にご飯が出る ・田植えは大変だが、子供たちにご飯を食べさせられる。 ○着物とご飯を交換する ・また一つ大切な着物がなくなってしまったが、これで子供たちの命をつなぐことができる。

展開2

親戚と農家の人の対応を表にまとめ、比較しながら「母」や「僕」の心情を読み取る。

親戚の人の対応とその時の心情

○「うちに食べ物はない」

・親戚なのに頼ることもできないのか。戦争が人間関係も変えてしまった。

・悔しいけど、子供に言い争いを見せたくない。

・これからは、自分一人で子供を育てなくちゃいけない。

農家の人の対応とその時の心情

○田植えの時にご飯が出る

・田植えは大変だが、子供たちにご飯を食べさせられる。

○着物とご飯を交換する

・また一つ大切な着物がなくなってしまったが、これで子供たちの命をつなぐことができる。

「田植えの時にご飯が出る」の時の心情

・町にいた頃には食べるものも大変だったけど、ここではご飯が食べられる。自分も食べたいけれど、子供たちのために残しておこう。

・少しでも子供たちがお腹一杯になってくれるなら働ける。

「盗み飲みしてしまった」の描写に着目した生徒の声

もちろん、上記以外の描写に着目しても良い。実際に出た例を紹介する。

・「盗み飲みしました」ではなくて、「盗み飲みしてしまいました」や「それも、何回も…」の「…」の書き方から、「僕」の後悔の念や罪悪感が込められていることがわかるよね。

・かわいくてかわいくてしかたがない弟だったし、母の思いもわかるだけに、余計、自分のしてしまったことが今も残っているんだろうな。

課題「学習の手引き」

3 次の部分から読み取れる、「僕」や「母」の気持ちを考えよう。

・「僕はあんなに美しい顔を見たことはありません。」

・山あいの村に向かう途中の描写表の「親戚の人の対応とその時の心情」を見ながら、「僕」の心情を読み取っていく。強い顔を実際に生徒達が行う。孤立無援の状態にある「母」の内面を考え、浮かべた表情から「母」の気持ちを想像し、同時に「僕」の気持ちを想像できるようになる。

発問例と、生徒達から出た意見は次のようであった。

○強い顔とはどのような顔なのでしょう。

・自分一人で子どもたちを守るしかないという決意が表れた顔。

○母の顔を見た時、僕はどんなことを思ったのでしょう。

・母が必死で僕たち子供のことを守ってくれようとしているのはとても嬉しいけれど、同時に母の悲しさや辛さ、悔しさも分かってやるせない気持ちになる。

○なぜ「僕」は桃源郷と思ったのでしょう。

・田舎での母の顔を思い出しながら、これまでとこれからの生活を比べた時、山あいの村であれば、空襲におびえなくてもいいし、あゆなどもおかずにできそうだから、家族でいい生活を送れると思ったから。

桃源郷と思った理由

・町では、空襲などで壊された建物や暗い防空壕の中の景色しか見ていなかったが、ここではきれいな川や美しい山を見ることができたから。

生徒のつまずきポイント

『その時の顔』の「その時」を流し読みしてしまい、曖昧にとらえる生徒が見られる。「その」が指し示すのは直前の「僕に帰ろう」と言った瞬間である。

作者は、この時の顔を、「強い顔」「悲しい悲しい顔」「美しい顔」「母の顔」と反復することによって読者に意識づけている。この四つの関係を考えさせることで、誰にも頼らず自分だけで子どもたちを守ろうとする母の孤独な覚悟が読み取れるようにする。さらに「いつも」という語に着目することで、この時の母の気持ちを、その後何度も思い出していることが捉えられるようにする。

課題「学習の手引き」

4　次の部分から読み取れる、「僕」や「母」の気持ちを考えよう。

・「その時、母は初めて泣きました。」

表の「親戚の人の対応とその時の心情」と「農家の人の対応とその時の心情」を比べながら、これまでの母の思いを振り返り、僕の心情を考えていく。

母に対する農家の人たちの対応	母に対する親戚の人の対応
その時の母の心情	その時の母の心情

○なぜその時、母は初めて泣いたのでしょう。

※「初めて泣いた」ことに気づかずにいる生徒も多い。その時は教師が注目させる。

・自分が泣いてしまったら、子供たちにまで悲しい思いにさせてしまうから。ずっと我慢していた。

・親戚に冷たい対応をとられた時に、現状を嘆くよりも、子供たちのために自分ができることをやるという思いがあったから泣かなかった。

・自分ができる限りのことをしても、ヒロユキの命を救うことができなかったから。

・食べ物がない中でも、ヒロユキが大きくなっていることが分かり、その上でこれ以上大きくなることがないと実感したから。

母が泣いた直接の理由は「大きくなっていたんだね」という母の気づきである。

これを理解するためには、ヒロユキと母の、日常生活と病院からの帰り道の状況を考える必要があり、それが「題名」の理解にもつながっていく。

「言語力」グーンと伸ばす指導ポイント

この作品に出てくる三つの「美しさ」について、その違いを問いかける。

○「美しい顔」とは

・強い顔。悲しい悲しい顔。子供を必死で守る母の顔。僕の母に対する愛情。

○「美しい青空」とは

・道中の美しい風景。僕のこれからの生活への期待。

○「美しく輝く機体」

・毎日のように爆弾を落とす無機質な戦闘機。弟を失った僕の空虚感。

課題「学習の手引き」

5 題名のもつ意味について考えよう。

作品の時代背景をふまえて、「大人になれなかった弟たちに……」という題名のもつ意味について話し合おう。

作品では、自分の弟だけを描いているが、複数形にしている理由について、作品の時代背景を踏まえて話し合う。

「に」は、目標や対象を表す言葉である。この作品が「弟たちに」捧げられたものであることをおさえ、作者が何を伝え、何を誓おうとしているのか話し合う。

精査・解釈

母は子供たちに食べさせるため働きに出ており、ヒロユキの成長を近くで見てはいなかった。そのような中、死んだヒロユキを背負いながら歩き、また、棺桶に入れたときに成長を感じたのである。

○「僕」の弟はヒロユキ一人であるにも関わらず、題名が『弟たちに……』であるのはどうしてなのでしょう。

・「弟たち」と複数形にすることで、ヒロユキの他にも、同じように戦争や栄養失調で死んでしまった幼い子供、乳児がたくさんいたことを表すため。

・「…」には僕の無念さが表れている。

○「…」の後には、どんな言葉が省略されているのでしょう。

・僕がミルクを飲んでなければ大人になれたのかもしれない。ごめんね。お腹がすいて死ぬなんて辛すぎるよね。もう、あの時のような世界は二度と来ないように、みんなに伝えていくよ。

グループ学習を行い、それぞれの考えを話し合って、「…」に続く言葉を共有していく。

黒板に貼りつけられる小さなホワイトボード等を使うと、他グループとさらに考えを共有できるようになる。

「突き詰めた読解」のために！

「ヒロユキは幸せだった」という母の台詞は、まだ小さい自分の子どもを守ることができなかったことに対する、自己正当化の言葉。

また「小さな小さな棺」の繰り返しは、母の「大きくなっていたんだね」という気づきにつながる。

生徒の気付きや発言をみとり、問いかけることで、この展開に気づけるようにしたい。

課題「学習の手引き」

6　思いを伝える朗読会をしよう。

読み取ったことをふまえ、場面の様子や登場人物の心情がより伝わるように、グループで分担して朗読しよう。

グループで分担して作品全体を朗読する。または、登場人物の心情が表れた部分を選んで朗読するなどして、理解したことを表現する。

朗読を通して新たに考えたことや、友達の朗読を聞いて考えを深めたことなどを共有することで、作品に対する理解や友達に関する共感を深め、自分の考えを持つことができるようにする。

考えの形成、共有

単元導入時、初読の段階での読みを録音しておく。それと比較すると、「学び」を実感しながら自分の考えを確かなものにできる。左は、実際のアウトプット例である。

○この作品を読んで、心に残った場面はどこでしょう。その場面をどのように朗読しますか。

・「僕はあんなに美しい顔を見たことはありません」の部分が特に心に残った。なぜならば、このときの「母」は、夫が戦場に行ってしまい、子供を守れるのは自分しかおらず、しかも毎日のように空襲があるという極限状況に置かれている。そのような時であっても、親戚からは何の援助も受けられず、一人で家族の命を守り、育てなければならないという覚悟と決意を盛った場面である。その時の母の人間としての尊さと、それを幼いながらに感じた「僕」の気持ちを声で表現したい。

・友達の朗読を聞いて、「栄養失調です…」の「…」には自分がこっそりミルクを飲んでしまったことや、母の努力の甲斐もなくといったどうにもならない状況や無念さが表れていると思った。また母は、棺桶に入ったヒロユキを見て、成長を喜んだと同時に、死んでからも棺桶の中で窮屈な思いをさせてしまったと思っているのではないか。母は、最後までヒロユキに対して申し訳ないと思っている様子を感じた。

「読みの三層」ルーブリック

	教材の課題	A　十分達成している	B　おおむね達成している	C　達成していない
構造と内容の把握	描写に着目して登場人物の心情を捉えよう。 ・「母」が食べ物をあまり食べなかったり、「僕」が「ヒロユキ」のミルクを盗み飲みしてしまったりした理由を確かめよう。 ・次の部分から読み取れる、「僕」や「母」の気持ちを考えよう。	母と僕の心情について、人物相互の関係を踏まえながら、叙述を基に、実体験と比較しながら想像を広げて考えている。	母と僕の心情について、人物相互の関係を踏まえながら、叙述を基に想像を広げて考えている。	母と僕の心情について、直接的に表されている言葉のみで考えている。
	学習者の具体像・具体的な文や言葉の抜き出し	・食べ物が十分になく、自分は我慢していたためにお乳が出なくなってしまった。配給のミルクは大切なヒロユキのご飯であったが、甘いものがない時代、僕にとってはよだれが出るほど飲みたいものだった。 ・母が必死で僕たち子供のことを守ってくれようとしているのはとても嬉しいけれど、同時に母の悲しさや辛さ、悔しさも分かってやるせない気持ちになる。 ・山あいの村であれば、空襲におびえなくてもいいし、あゆなどもおかずにできそうだから、家族でいい生活を送れると思った。	・食べ物が十分になく、自分は我慢していたためにお乳が出なくなってしまった。配給のミルクは大切なヒロユキのご飯であったが、甘いものがない時代、僕にとってはよだれが出るほど飲みたいものだった。 ・山あいの村であれば、空襲におびえなくてもいいし、あゆなどもおかずにできそう。 ・自分ができる限りのことをしても、ヒロユキの命を救うことができなかった。	補助発問・ヒント ○自分の気持ちが楽しいときと辛い時で、見える風景はどう違っているかな。作品の中で、登場人物の気持ちが表れている風景はどこかな等。
精査・解釈	題名のもつ意味について考えよう。 ・作品の時代背景をふまえて、「大人になれなかった弟たちに……」という題名のもつ意味について話し合おう。	題名の意味について、作者の思いを想像しながら考えている。	題名の意味について考えている。	題名の意味を内容と関係付けて考えていない。
	学習者の具体像・具体的な文や言葉の抜き出し	・「僕がミルクを飲んでなければ大人になれたのかもしれない。ごめんね。お腹がすいて死ぬなんて辛すぎるよね。もう、あの時のような世界は二度と来ないように、みんなに伝えていくよ」といった、自分の思いを後世に伝えていくという強い願いが題名に込められている。	・「弟たち」と複数形にすることで、ヒロユキの他にも、同じように戦争や栄養失調で死んでしまった幼い子ども、乳児がたくさんいたことを表している。 ・「…」には僕の無念さが表れている。	補助発問・ヒント ○「大人になれなかった弟に」「大人になれなかったヒロユキに」「大人になれなかった弟たちに」を比べてみよう。「弟たち」というと、誰を指しているのかな。 ○「大人になれなかった弟たちに」「大人になれなかった弟たちに…」を比べてみよう。どんな印象の違いがあるかな等。
考えの形成、共有	思いを伝える朗読会をしよう。 ・読み取ったことをふまえ、場面の様子や登場人物の心情がより伝わるように、グループで分担して朗読しよう。	初読の段階と朗読を比較しながら、理解が深まったことを実感し、作品に対する自分の考えをもつことができている。	登場人物の心情について、理解したことを朗読で表現することができている。	朗読ではなく、音読を行っている。
	学習者の具体像・具体的な文や言葉の抜き出し	・初めはわからなかったが、友達の最後の場面の朗読を聞いて、「栄養失調です…」の「…」には、自分がこっそりミルクを飲んでしまったことや、母の努力の甲斐もなくといったどうにもならない状況や無念さが表れていると思った。また、母は、棺桶に入ったヒロユキを見て、成長を喜んだと同時に、死んでからも棺桶の中で窮屈な思いをさせてしまったと思っているのではないか。母は、最後までヒロユキに対して申し訳ないと思っている様子がわかった。	・「僕はあんなに美しい顔を見たことはありません」の部分が特に心に残った。なぜならば、このときの「母」は、夫が戦場に行ってしまい、子供を守れるのは自分しかおらず、しかも毎日のように空襲があるという極限状況に置かれている。そのような時であっても、親戚からは何の援助も受けられず、一人で家族の命を守り、育てなければならないという覚悟と決意を盛った場面である。その時の母の人間としての尊さと、それを幼いながらに感じた「僕」の気持ちを声で表現した。	補助発問・ヒント ○登場人物の会話文をどのように読んだらよいのかな。登場人物の気持ちを想像すると、地の文はどのようなよみかたになるのかな等。

ルーブリックと学習活動

戦争を描いた作品と出会う中で、「当時の状況は悲惨だった」「今の生活は平和である」といった感想をもつことは自然なことである。しかし、国語として読んでいく中では、より深く作品の構造や内容を把握した上で、自分の考えをもたせていかなくてはならない。

そのため、当時の状況下における登場人物の心情や作者の米倉斉加年の思いに迫っていく活動を通して、生徒が作品からどのような思いを受け取ったのか、自分の言葉で表現できるようにしていきたい。

「構造と内容の把握」情報を取り出す思考ツール①

「僕」と「母」と「ヒロユキ」は互いにどのような思いを持っていたのでしょう。

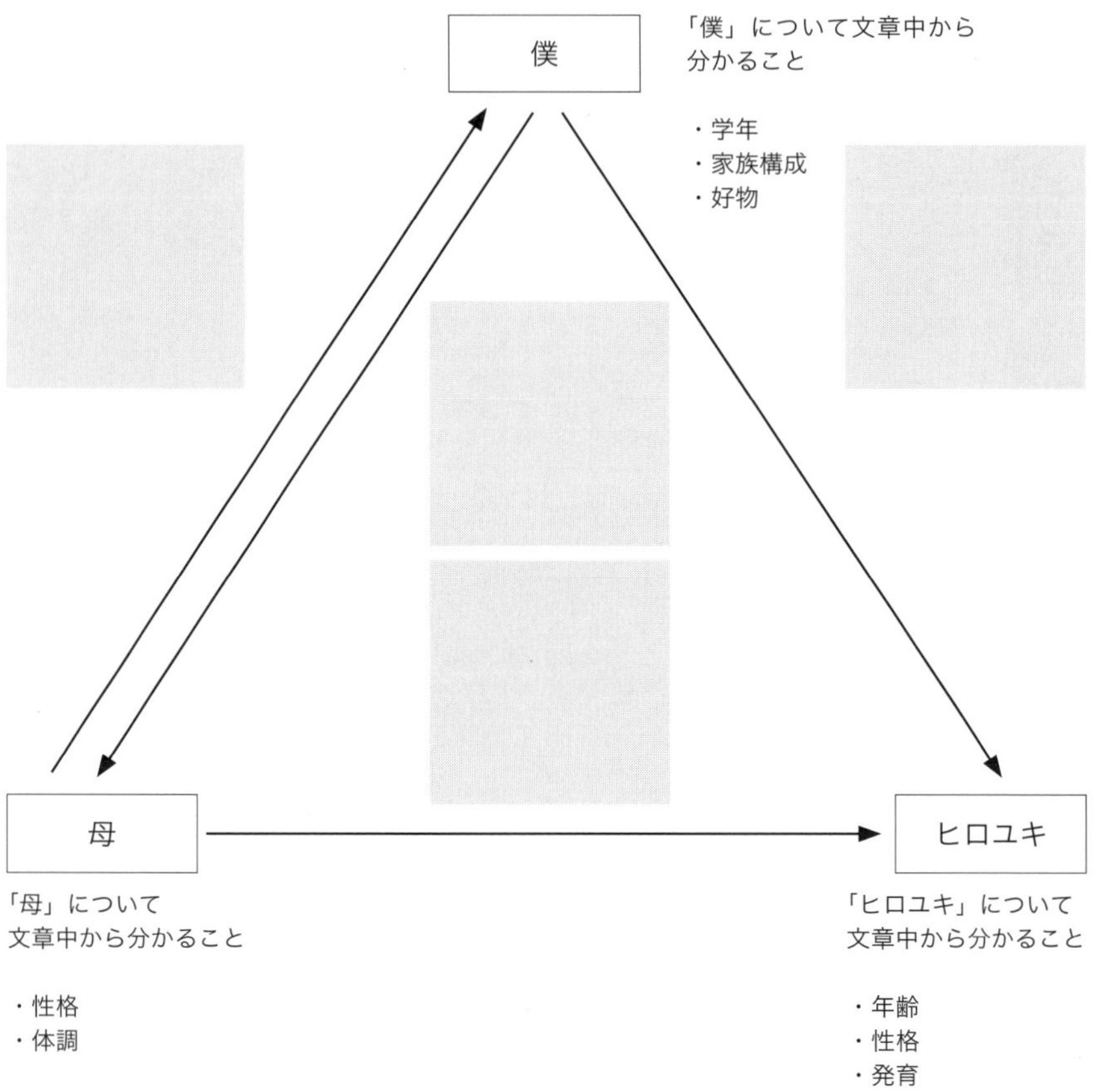

Jamboardで共有

文中からわかることには、

「僕は小学校四年生」

「五人家族、父親がいない」

「僕は食いしん坊で、甘いミルクはよだれが出るほど飲みたいものだった」

「ヒロユキはいつも泣かないでおとなしくねていた」

「ヒロユキは生まれたばかりだが、栄養のあるものを口にしていない」

「母も食べ物を食べないためお乳が出ない」

「母は自分よりも子供を優先させる」

等がある。その上で、互いの思いを整理して考えさせたい。

「構造と内容の把握」情報を取り出す思考ツール②

母に対する親戚の人の対応	母に対する農家の人たちの対応
その時の母の心情	その時の母の心情

授業活用のポイント

空襲や疎開など、戦争についての知識がないと理解が難しい作品である。

「農家であれば米作りをしていて、米は自由に食べられるだろう」と考える生徒もいる。食べ物や衣料品などの当時の状況については、生徒に示したり、調べさせたりしながら戦時中の状況に対しても深い悲しみを抱いていた母の心情に迫りたい。

29～31ページのデータのダウンロード用QRコード

アイスプラネット

登場人物の相関関係をカード操作で理解する

三原 知弥

本教材は、主人公の「僕」と居候のおじさん「ぐうちゃん」とのやりとりを中心に展開する物語である。

定職に就かず、学生の頃に外国を旅した経験を語る「ぐうちゃん」は、家族でも他人でもない独特の存在として「僕」に影響を与えている。また、「僕」の父親と母親では「ぐうちゃん」への捉えが異なることから、人物の設定や人物同士の相関関係を読み取ったり、「僕」の「ぐうちゃん」に対する心の距離の変化を辿ったりすることで、作品をより深く読み味わうことができるであろう。

終末では、再び外国へ旅立った「ぐうちゃん」から、「僕」への思いを書いた手紙が届くところで物語は終わる。それまで語られなかった「ぐうちゃん」の真実とも言える手紙に対して、主人公の心境を示す描写はない。そのため、読者はその空白に向き合い、「僕」の内側に抱く「ぐうちゃん」への思いを自由に想像することができる。

単元目標達成の授業導入ポイント

本文を通読し、「時（いつ）」と「人（誰）」と「場（どこ）」の設定に関する情報がわかる描写に線を引く。（構造と内容の把握）

「ぐうちゃん」の話に対する「僕」の考えが変わる契機となった出来事を見つける。（精査・解釈）

「ぐうちゃん」が何に価値を感じているのか、何を大切にして生きているのかがわかる描写を見つける。（考えの形成、共有）

この教材で学習するまでに、生徒は第一学年の既習事項として「登場人物や人物どうしの関係を捉えること」や「場面に着目し人物の関係の変化や心情の動きを整理して捉えること」、「描写に着目して人物の言動や心情を想像すること」を学んでいる。単元の導入では、これらを活用しつつ、新たな学びを積み重ねていくための見通しをもつことが大切である。

課題「学習の手引き」

1 「ぐうちゃん」について整理しよう。

① 「そんな『ぐうちゃん』(十五ページ十一行目)に示された「ぐうちゃん」の人物像を挙げてみよう。

〈ぐうちゃんの人物像〉

○津田由起夫
○三十八歳
○いそうろう
○母親の弟
○ぐうたらしている
○家にいるときは、本を読んだりカメラの清掃、点検をしたりしている。
○たまに一週間くらい全国を回って測量の仕事をしている。

構造と内容の把握

授業の実際 第二時

学習箇所 十四ページ一行目~十五ページ十四行目

目標……登場人物の設定に着目し、人物どうしの関係や、それぞれの考え方を読み取る。

導入

・物語に出てくる登場人物を挙げる。

僕、ぐうちゃん(津田由起夫、おじさん)、母、父

・その中で主人公と、その次に中心的な人物を挙げる。

主人公……僕　中心的な人物……ぐうちゃん

展開①

ぐうちゃんの人物像をカードにまとめよう

・学習箇所の中から、ぐうちゃんの人物像がわかる描写に傍線を引く。線を引いた描写をカードに整理する。

カードにはあらかじめ教師が「職業」「本名」などのラベリングをすることも考えられる。

その場合、複数の情報を見つけられるラベルと一つしか情報がないラベルがある。前者について、書き抜きをする条件であれば箇条書きになり、自分の言葉でまとめる条件なら要約することになる。書き表し方の条件を明確にすると、学習者の学習活動のゴールイメージが明確になる。

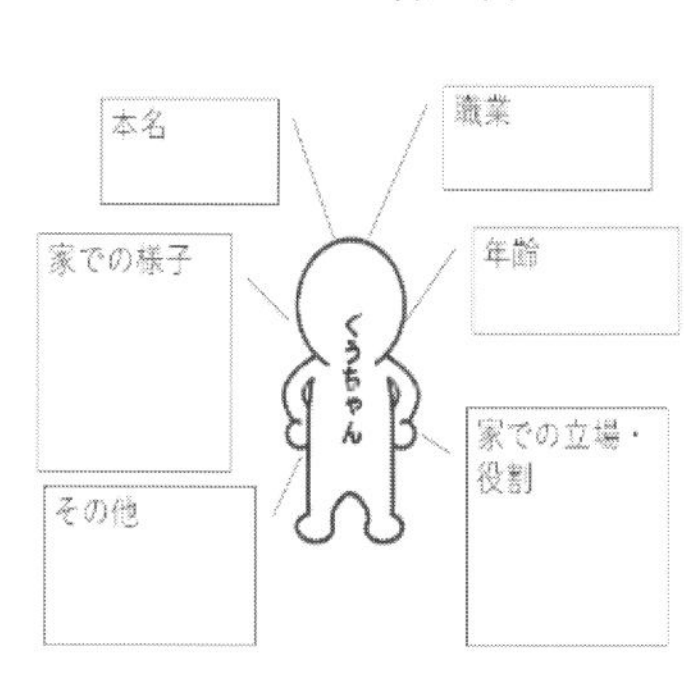

課題「学習の手引き」

② 「ぐうちゃん」に対する「僕」「母」「父」それぞれの思いがわかる言動や表現を挙げ、どのような思いが込められているか、考えよう。

〈「僕」の思い〉

○話がおもしろい

○大好き

〈「父」の思い〉

○力仕事が必要になったときに安心

○いそうろうを歓迎している

○日本にいたら気がつかないことがいっぱい見えて、うらやましい

〈「母」の思い〉

○好物を考えてご飯の支度をしている

○ちゃんと就職してほしい

○悠太に悪い影響が出ないか心配

展開② 人物のカードを配置し、人物相関図をつくろう。

・登場人物どうしを矢印で結ぶなどして関係性を整理する。

・僕、父、母の「セリフ」や「行動」をもとにそれぞれの「ぐうちゃんへの思い」を類推して吹き出しの中に書き込む。

矢印で結んだ関係性は、文章から読み取れる形式上の相関関係である。吹き出しの中は、各登場人物から「ぐうちゃん」をどのように見ているかという意味上の相関関係である。両方を読み取ることで、作者が配役に込めた仕掛けに乗ることができる（例：「ぐうちゃん」の生き方に肯定的な父と否定的な母、その間で「僕」は将来の生き方をどう描くか、といったことを読者も共に考えることになる）。

まとめ 作った人物相関図を共有しよう。

・自分が作成した人物相関図について説明をし、捉え方の適不適や良さ、修正点について助言し合う。クラスやグループでの活動が考えられる。

つまずきポイント 変化する『見方』

物語の視点人物は「僕」である。「ぐうちゃん」に対する「僕」の見方は展開の中で変化するので、全文から「ぐうちゃん」の人物像を読み取ろうとすると、かえってつかみづらくなる。展開①については、物語冒頭に着眼点を限定することが有効である。

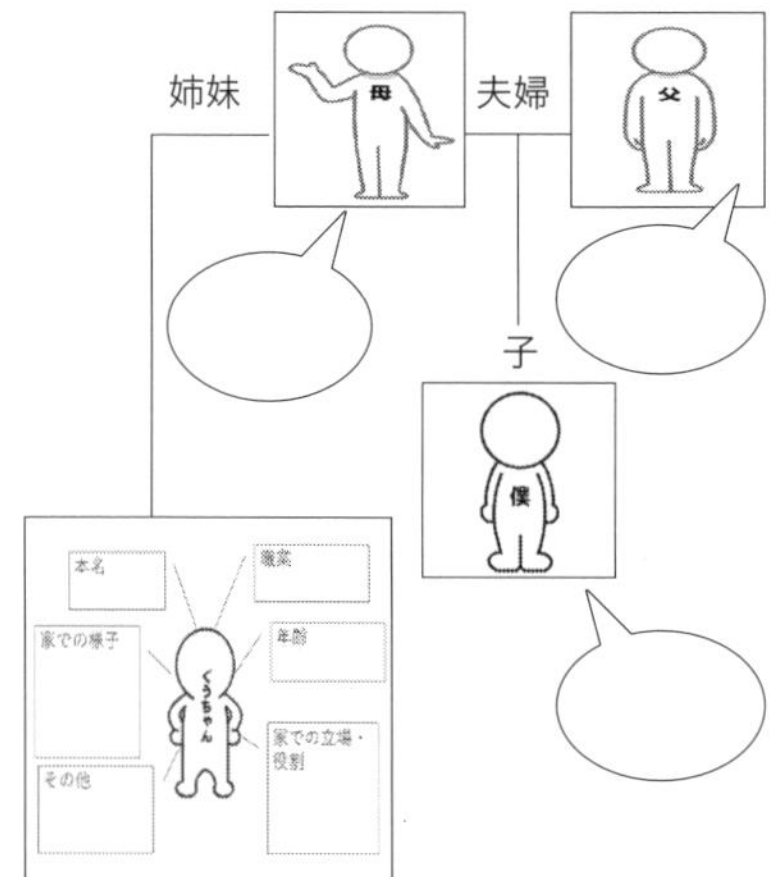

課題「学習の手引き」

2 「ぐうちゃん」に対する「僕」の思いを読み取ろう。

① 「ぐうちゃん」のほら話に対する「僕」の考えはどのように変わっていっただろうか。

第一場面
（P14L1〜P15L14）
○ぐうちゃんの話を歓迎しており、面白いと思っている。

第二場面
（P15L16〜P18L17）
○話はおもしろいが、現実味がなく、すぐにわかってしまうほら話だと思っている。

第三場面
（P18L19〜P20L7）
○ぐうちゃんのほら話は証拠がなく信用できない。その話のせいで損をした。

精査・解釈

授業の実際 第三、四時

目標……登場人物の心情や考え方が表れた語句に注意して読む。

導入 「ぐうちゃん」のほら話が話されるのは、どの場面か。→第一〜三場面

展開 「ぐうちゃん」のほら話に対する「僕」の考えはどのように変わっていったか、文中の言葉から類推する。

類推の基になる「文中の言葉」の例

第一場面
・宿題をするよりよっぽどおもしろい

第二場面
・ありえない・どうせほら話
・テーマが幼稚・宇宙の話は好きだ
・今どきの中学生をなめている

第三場面
・ナマズの話はおもしろかった。
・氷の惑星の話も、本当だったらきれいだろうなと思った。
・友達が信じてくれなかった。
・ぐうちゃんに人生が全面的にからかわれた感じがした。

つまずきポイント
『思い』読み取るには

「アイスプラネット」の文章全体は空行を境目に大きく五つの場面に分かれる。各場面で変化する「ぐうちゃん」に対する「僕」の思いを追いきれない生徒を想定しておきたい。

まずは第一〜三場面の「ほら話に対する僕の考え」を読み取る。そのためには、「おもしろい」「幼稚」などの評価の言葉だけでなく、ほら話で「僕」の受けた損害も考える必要がある。

次に、「僕」が「ぐうちゃん」の部屋に二度と行かなかった理由を考える。その際、「どうしても笑いたくなって困った」など、本心を隠す様子も読み取りたい。「僕」の「〇〇だけど〇〇」といった重層的な心情に気づくことで、生徒は、自分にも身に覚えがあることが描かれているという面白さを感じることになろう。

課題「学習の手引き」

②「それ以来、僕は二度とぐうちゃんの部屋には行かなかった。」のはなぜだろう。

○「ぐうちゃん」が証拠も見せず、言い逃れをして夏の間中出掛けてしまった。自分が怒っていると伝えたかったから。

○ほら吹きになってしまったことや、からかわれていたことへの報復をして冷たくしようとしたから。

③手紙と写真を受け取ったときの「僕」の気持ちを、「ぐうちゃん」の考えや思いをふまえて想像しよう。

○「ぐうちゃん」は目的もなく生活しているようで、ちゃんと自分の考えをもっている人だった。

○ほら話は本当のことだった。でも自分の目で確かめることの方が大事と教えてくれている。

第三場面の「人生を全面的にからかわれた」とはどういうことか。「からかう」の意「冗談を言って人を怒らせたり困らせたりして、楽しむ」を確認し、「僕」はどのように怒ったり、困ったりしたのか考えることが、重要なヒントとなる。

↓「ぐうちゃん」の話をしたために友達の信頼をなくした。

↓本当は事実であってほしいと願う気持ちが裏切られた。

「僕」の気持ちを想像するための手掛かりを見つけよう。文中に基になる情報を見つけると想像しやすくなる。

↓「手紙には～力強い文字がぎっしり詰まっていた」の「力強い」や「ぎっしり」

↓手紙の内容と写真がほら話の答え合わせになっていること

まとめ　「ぐうちゃん」に対する「僕」の思いを手紙の返信の形で短く書こう。

次の点を条件にして書かせる。

・二〇〇～四〇〇字で設定する。

・文末表現等は作品中の「僕」と「ぐうちゃん」との関係を意識する。

・展開で読み取ったことを生かして書く。

完成したら、クラスやグループで共有し、内容の多様性や妥当性について検討しつつ楽んで共有する。

「精査・解釈」の指導ポイント

第三場面では、「大急ぎで家に帰ると」「真っ先にぐうちゃんの部屋に行って」など、朝に高まった気持ちが帰宅まで冷めない様子に着目させたい。友達に話す前は「アナコンダやナマズの話はおもしろかった」「氷の惑星の話も、本当だったらきれいだろうな」と、ほら話を肯定する気持ちだったが、話した後では信用を失ったという気持ちに至っていることが読み取れる。さらに、それらを棚上げにして夏の間出掛けたり、外国に行ったりしてしまう「ぐうちゃん」を、「僕」がどう見ているのかということも丁寧に扱いたい。

3 「ぐうちゃん」に対する自分の思いをまとめよう。

○「ぐうちゃん」は良い仕事に就いて高い収入を得るという物理的な豊かさよりも、世界の人々を見て、そこにある楽しいこと、悲しいこと、美しいことを自分の目で確かめ、自分の内面的な豊かさを求めている。自分は、どちらかというと、将来のことが不安で前者に近い考え方だが、今を幸せに生きるためには「ぐうちゃん」のような考え方がよいのだと思った。

○「ぐうちゃん」が毎日働かないのは、やりたいことのために働くのであって、意味もなく仕事をしたりはしないからだと思う。自分は、将来働くのだと思うが、何のためにと言われると今はまだわからない。

考えの形成、共有

授業の実際　第五時

目標……文章を読んで理解したことや考えたことを知識や経験と結び付け、自分の考えを広げたり深めたりする。

導入　前時までの内容を振り返り、「ぐうちゃん」が大事にしていることや、考え方の根底にあることを想像する。

助言例

父や母の言葉、手紙の内容を手掛かりに、「ぐうちゃん」の価値観や生き方を考えてみよう。

想定される記述例

・考え方の根底には、勉強や本を読む目的は「不思議アタマ」を作るためというこ とがある。

・世界は楽しいこと、悲しいこと、美しいことで満ち満ちている。一生懸命生きている人々がいることを、自分の目で確かめることが大事だと思う。

導入では、あとの学習活動の足場となるよう「ぐうちゃん」が大事にしていることや考え方の根底にあることを明確にしておく。不十分な生徒には、教科書にある「ぐうちゃんが大事にしているのは〜」「その考え方の根底には〜」などの文型の活用と合わせて、助言例を参考に指導すると、より効果的である。

「自分の考え」の形成　指導ポイント

第一に「ぐうちゃん」の価値観や生き方を端的に掴んでおく必要がある。共通学習を行いこの点を学習者全員で共通理解したい。

第二に前述の価値観や生き方のうち、どれか一つ、あるいは複数を取り上げて、自分の価値観や生き方と比較することが指導のポイントとなる。これまで自覚してこなかった部分についても、学習者自身がどのように判断してきたか振り返ることで明確になる。例えば、勉強や進路希望、自分の興味のあることなどに視点を絞って想起させることも効果的な指導である。

課題「学習の手引き」

○「ぐうちゃん」の冒険家のような生き方は、うらやましい。だけど、いそうろうという立場は姉（「僕」の母）がいることで成り立っている。生き方としては憧れるが、自立していないという点で自分は賛同できない。

○「ぐうちゃん」のように世界を見ることも大事だと思うが、身近な場所にも学べるところがあり、そこでも人々が一生懸命生きていると思う。例えば、親や友達が考えていることや、経験してきたことを自分は知らないように、広い世界ではなくても、狭い範囲でも今より深く知ることで勉強になると思う。

展開（評価・熟考する）

「ぐうちゃん」の価値観や生き方などから一つ取り上げて、それに対する自分の思いと比較する。

助言例1

「ぐうちゃん」と自分の共通点や相違点を書き出してみよう。

マトリクス表に視点を示すことで、生徒は比較の対象を焦点化しやすくなる。表に位置付ける視点には、「ぐうちゃん」の価値観や生き方以外にも、生徒の自由な発想を許容すると良い。

助言例2

・「ぐうちゃん」に対して賛成・反対のどちらかの立場を取って、その理由を挙げさせる。

まとめと振り返り

・登場人物の設定の捉え方について、わかったことを挙げさせる。

・これまでに読んだ作品を一つ取り上げ、登場人物の設定を確認する。

（想定される記述例）

・年齢や名前の他に、他の登場人物からどう見られているのかということも人物像を読み取る手掛かりになることがわかった。

「振り返り」指導ポイント

本単元での学びに汎用性をもたせ、他の学習にも生かせるようにする。

特に、登場人物の設定について振り返ることを例示した。他には、

・文中の描写から自分の解釈をする際に、どのような視点で考えたか。

・「ぐうちゃん」に対する自分の考えを述べるときに、自分自身の考えをどのようにして明確にしたか。

など資質・能力に係る振り返りも考えられる。

「読みの三層」ルーブリック

	教材の課題	A 十分達成している	B おおむね達成している	C 達成していない
構造と内容の把握	1－①ぐうちゃんの人物像をカードにまとめよう	名前や年齢、職業だけでなく家での様子や行動など、内面の理解につながる箇所も読み取っている。	名前や年齢、職業について読み取っている。	他の登場人物について読み取っている。
	・人物に関する情報をカードに整理する。	○ぐうたらしているので「ぐうちゃん」 ○家にいるときは、本を読んだりカメラの清掃、点検をしたりしている。 ○たまに一週間くらい全国を回って測量の仕事をしている。	○津田由起夫 ○三十八歳 ○いそうろう ○母親の弟	補助発問・ヒント ぐうちゃんの人物像がわかる描写に傍線を引く。重複する情報はそのうちの一つを代表として記述する。
	1－②人物のカードを配置し、人物相関図をつくろう。	登場人物の相関関係を図式化し、「ぐうちゃん」へのそれぞれの思いを読み取ったことを自分の言葉で表している。	登場人物の相関関係を図式化し、「ぐうちゃん」へのそれぞれの思いを読み取ったことを箇条書きをしている。	登場人物の相関関係か、「ぐうちゃん」へのそれぞれの思いのどちらかを読み取っている。あるいはどちらも読み取ることができていない。
	・登場人物どうしを矢印で結ぶなどして関係性を整理する。 ・僕、父、母の「セリフ」や「行動」をもとにそれぞれの「ぐうちゃんへの思い」を類推して吹き出しの中に書き込む。	〈「僕」の思い〉 ○「ぐうちゃん」の話は面白く、「ぐうちゃん」のことが大好きだ。 〈「父」の思い〉 ○自分がいないときに、力仕事が必要になったときに安心なので、いそうろうを歓迎している。 ○都市のビルの中にいる自分と比較して、日本にいたら気がつかないことがいっぱい見えて、羨ましい。 〈「母」の思い〉 ○「ぐうちゃん」の好物を知っていてご飯の支度をするなど、愛情をもっている。 ○普通の暮らしをしようとしないので、ちゃんと就職して、安定した暮らしをしてほしい。 ※相関関係の記述については割愛	〈「僕」の思い〉 ○話がおもしろい○大好き 〈「父」の思い〉 ○力仕事が必要になったときに安心 ○いそうろうを歓迎している ○日本にいたら気がつかないことがいっぱい見えて、羨ましい 〈「母」の思い〉 ○好物を考えてご飯の支度をしている ○ちゃんと就職してほしい ○悠太に悪い影響が出ないか心配 ※相関関係の記述については割愛	補助発問・ヒント 登場人物ごとに色分けして本文の「セリフ」や「行動」に傍線を引く。登場人物の相関関係を表す言葉は丸で囲む。

ルーブリックと学習活動

あらかじめA基準、B基準を学習者にも共有することは、学習の見通しをもつことに有効である。

教師がグッドモデルを提示する場合は、教科書の既習教材等を使って上記B基準相当のものを作成する。

C基準に示した姿は、実際は無数にある中の一例である。したがってC基準をB基準に引き上げる手立ては、実態に即して手を加えていただけると幸いだ。

自己評価や相互評価で判断の難しい記述がある時は、記述を共有し、吟味した結果をルーブリックに組み入れることも学びとなる。

「読みの三層」ルーブリック

	教材の課題	A　十分達成している	B　おおむね達成している	C　達成していない
精査・解釈	2ー① ①「ぐうちゃん」のほら話に対する「僕」の考えはどのように変わっていっただろうか。	本文の複数の描写に着目し、第一場面から第三場面のそれぞれの場面での「ぐうちゃん」のほら話に対する「僕」の考えを理解した上で、「初めは」「一方で」「きっかけは」などの言葉を用いてその変化について述べている。	本文の描写に着目し、第一場面から第三場面のそれぞれの場面の「ぐうちゃん」のほら話への「僕」の考えを読み取って時系列にしたがって箇条書きで並べている。	本文の描写に着目しているが、第一場面から第三場面の中での「ぐうちゃん」のほら話に対する「僕」の考えを部分的に読み取っている。
	「ぐうちゃん」のほら話に対する「僕」の考えはどのように変わっていったか、文中の言葉から類推する。	Bの内容を理解した上で、自分の言葉で述べている。 例：「初めは、ほら話を面白いと思って喜んでいたが、一方で内容に現実味がなく、中学生をなめていると思うときもあった。友達にぐうちゃんの話をしたことをきっかけに、ぐうちゃんの話のせいで自分がほら吹きと思われたと、ほら話を否定する気持ちになっている。」	第一場面(P14L1～P15L14) ○ぐうちゃんの話を歓迎し、面白いと思っている。 第二場面(P15L16～P18L17) ○話はおもしろいが、現実味がなく、すぐにわかってしまうほら話だと思っている。 第三場面(P18L19～P20L7) ○ほら話は証拠がなく信用できないので、その話のせいで損をした。	変化を明確にするために、各場面で最も大切な情報はどれか補助発問する。
	2ー②「それ以来、僕は二度とぐうちゃんの部屋には行かなかった。」のはなぜだろう。	Bに加え、「僕」が元々「ぐうちゃん」の話が好きだったことや本当だったらよいと思っていたということに対して、裏切られた気持ちがあることなど、物語の展開全体を踏まえて記述している。	本文で2回出てくる「人生を全面的にからかわれた」という表現に着目し、そのことがきっかけであることを理解した上で、「証拠」「言い逃れ」などの大事な言葉を落とさずに記述している。	文章中の言葉を使わずに、自分の考えだけをまとめている。例えば「ぐうちゃんの話を避けるようにしたから」等。
	発問について、作成したワークシートなどに考えたことを記述している。	例：「『ありえねえ』と言いつつも話は好きだし信じていたのに、だまされた」「本当は事実であってほしいと願う気持ちが裏切られた」という記述が加わっている。	「ぐうちゃん」は、話が本当である証拠を見せず、「僕」にとって言い逃れとも思える返答をしたまま夏の間中出掛けてしまった。自分が怒っていることを示すとともに、ほら吹きになってしまったことや、からかわれていたことへの報復をしようとして冷たくしたため部屋に行かなかった。	そのように考えた根拠を示して記述するように助言する。
	2－③手紙と写真を受け取ったときの「僕」の気持ちを、「ぐうちゃん」の考えや思いを踏まえて想像しよう。	手紙の中に書かれていることと、文章中の関係する箇所を結び付けて、「僕」の気持ちを想像している。	手紙の中に書かれていることを踏まえて、「僕」の気持ちを想像している。	手紙の中に書かれている事柄を読み取ることができているが、どの言葉を手掛かりに「僕」の気持ちを想像するかわかっていない。
	発問について、作成したワークシートなどに考えたことを記述している。	○「ぐうちゃん」は目的もなく生活しているようで、ちゃんと自分の考えをもっている人だった。 ○「僕」が「ありえねえ」と言った言葉も温かく受け取ってくれていた。	○「ぐうちゃん」の話は本当のことだった。でも自分の目で確かめることの方が大事と教えてくれている。 ○「ぐうちゃん」がちゃんと証拠の写真を送ってくれてうれしい。	手紙を受け取ったときの「僕」の気持ちを想像することができる手掛かりはどこにあるか補助発問する。着目すべき言葉を例示する。例：「それこそありえないほどに」は、もともと誰の言葉だろうか。
考えの形成、共有	2－③手紙と写真を受け取ったときの「僕」の気持ちを、「ぐうちゃん」の考えや思いを踏まえて想像しよう。	ぐうちゃんの価値観、生き方を挙げ、自分の考えを詳細に述べている。	ぐうちゃんの価値観、生き方を挙げ、自分の考えを簡潔に述べている。	ぐうちゃんの価値観、生き方を挙げているが、自分の考えを述べていない。
	発問について、作成したワークシートなどに考えたことを記述している。	○「ぐうちゃん」は良い仕事に就いて高い収入を得るという物理的な豊かさよりも、世界の人々を見て、そこにある楽しいこと、悲しいこと、美しいことを自分の目で確かめ、内面的な豊かさを求めている。自分は、将来のことが不安で前者に近い考え方だが、今を幸せに生きるためには「ぐうちゃん」のような考え方がよいのだと思った。 ○「ぐうちゃん」が毎日働かないのは、やりたいことのために働くのであって、意味もなく仕事をしたりはしないからだと思う。自分は、何のために将来働くのかは今はまだわからない。	○「ぐうちゃん」は日本にいたら信じられないようなことも自分の目で見て確かめることを大切にしている。この考えか方に賛成である。自分も将来、「ぐうちゃん」のように世界を見て回りたい。	ぐうちゃんの価値観、生き方への賛否とその理由を考えるよう助言する。

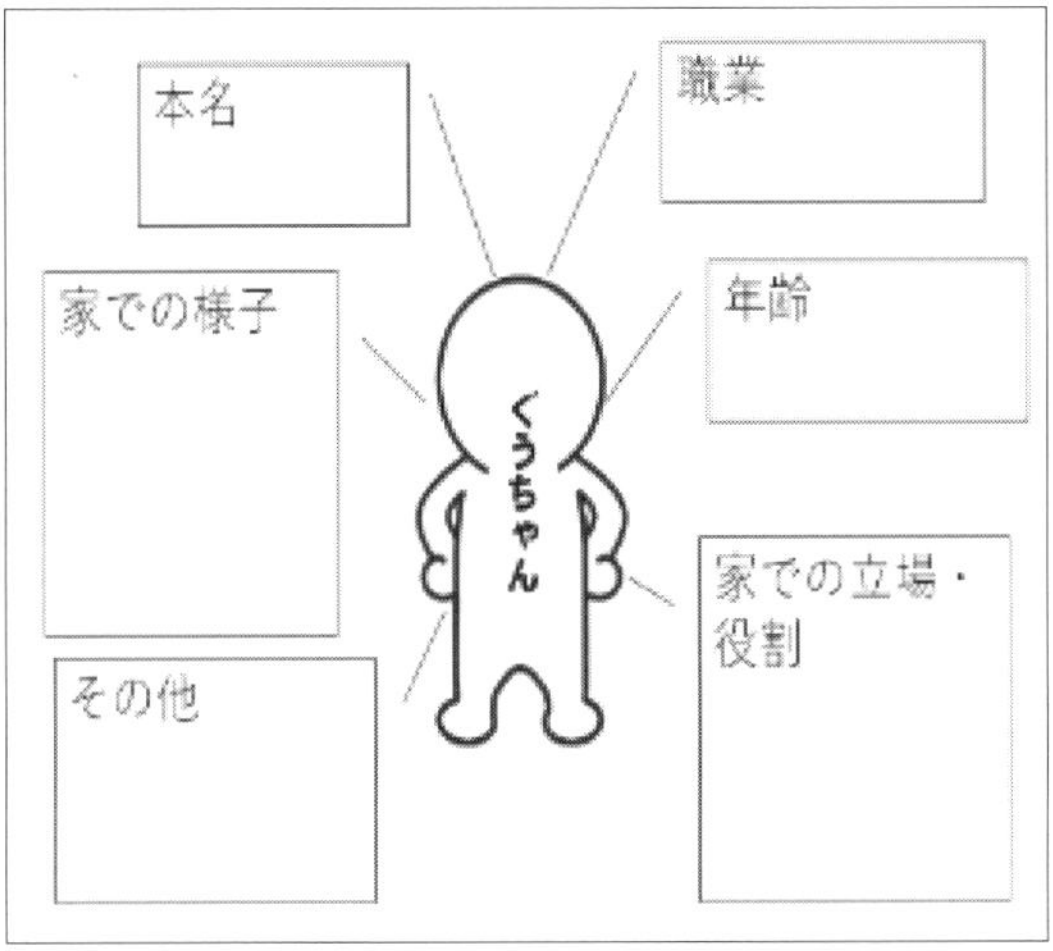

授業活用のポイント

第二時の人物のカードを操作し、相関図を作成する学習で用いる。

文中から読み取った関係性を、矢印で結ぶなどして整理する。

配置が決まれば台紙に糊付けをする。端末上で行うこともできる。

セリフや行動をもとにそれぞれの「ぐうちゃんへの思い」を類推して吹き出しの中に書き込んでいくと良い。

39〜41ページ
のデータの
ダウンロード用
QRコード

走れメロス

登場人物の人物像や語り手の視点の位置に着目して読む

小林 圭太

本教材は、メロスをはじめとした魅力的な登場人物の設定や関係、また、状況設定、発端、事件展開、山場、結末の物語としてわかりやすい構成をもとにしたストーリーの面白さや走り続けていく中で、人間的な弱さや苦悩をさらけ出していくメロスの心情の推移、「友情」「信実」など学習者にとって身近で切実な問題がテーマとなっている等、物語のもつ面白さ、読みの面白さを存分に味わわせてくれる要素をもっている。さらには、リズム感のあるいきいきとした文体、登場人物の心情と重なり合って描かれている情景描写や詳細で巧みな心理描写、語り手の視点の工夫など豊かな表現力にあふれている作品である。その教材の特性を生かし、描写の効果や登場人物の言動の意味を中心にしながら内容を読み取らせ、さまざまな表現の仕方についても触れさせながら、文章に表れているものの見方や考え方について、知識や体験と関連づけて自分の考えをもたせる学習に効果的である。

単元目標達成の授業導入ポイント

・作品中に登場する人物のそれぞれの人物像を捉えて読む。（構造と内容の把握）
・本文中の「走れ！メロス」という語り方に着目して読み、その語られ方のの理由を考える。（精査・解釈）
・「悪い夢を見た」はどのようなことを指しているのか、自分の考えをまとめる。（考えの形成、共有）

「走れメロス」という題名から、「なぜメロスは走るのか。」という問いが生まれる。その問いは、メロス自身が走りながら自身に投げかける問いであり、読み手も寄り添って考えていくことになる。導入時に題名からどんな物語かを想像させる。そうすることで、作品全体を通した重要な問い、ひいては主題について考えることにつながっていく。

課題「学習の手引き」

1 「メロス」「ディオニス」「セリヌンティウス」は、それぞれどのような人物かまとめよう。

問い 作品に登場する人物は、それぞれどのような人物だろうか。

答え

○メロス

・単純な男（メロスは、単純な男であった）。

・正義感が強い（私は、なんだか、もっと恐ろしく大きなもののためにはしっているのだ）。

・人を疑うことが嫌い、信実の人。（「そうです。帰ってくるのです。」）

・約束を守る（「私だ、刑吏！…ここにいる！」）

構造と内容の把握

授業の実際 第二・三時

目標……登場人物の設定や関係を捉える

導入

課題の確認、前時で書いた初発の感想に触れ、本時で考える人物の設定とつなげたい。

問い

主な登場人物は、それぞれどのような人物だろうか。

・この作品における主な登場人物を確認する。

メロス、ディオニス王、セリヌンティウス

・この作品を理解していく上で、これらの登場人物の設定を確認することがベースとなることを伝える。

展開1

本文を読み、ワークシートにまとめる。

・人物像がわかる文に線を引かせ、考えに根拠をもたせる。

・ワークシートには、物語の中で変化した登場人物の心情もふまえて書くよう伝える。

・全体で共有することで、自分では気づかなかった部分を確認する。

この次には、生徒が「登場人物について自分の言葉で語る」活動があるため、初発の感想の「要素」を黒板に書き出す、等をすると、次の活動につなげやすくなる。

課題「学習の手引き」

・妹思い。（花嫁の衣装やら祝宴の…町にやってきたのだ。）
○ディオニス
・人を信じたいが信じられない人物（「はは。命が大事だったら…わかっているぞ」）。
・最後の場面では改心している様子がうかがえる（「おまえらの望みは…仲間の一人にしてほしい」）。
○セリヌンティウス
・友を信じる人物。人質になることを受け入れている（セリヌンティウスは無言でうなずき…）。

展開2

登場人物の設定をふまえ、それぞれの人物同士の関係を捉える。

・グループで話し合い、それぞれの人物同士の関係図をまとめる。

・人を信じられない王と、それを打ち破るべく信頼を貫こうとするメロスとセリヌンティウスの関係を捉えられるようにする。

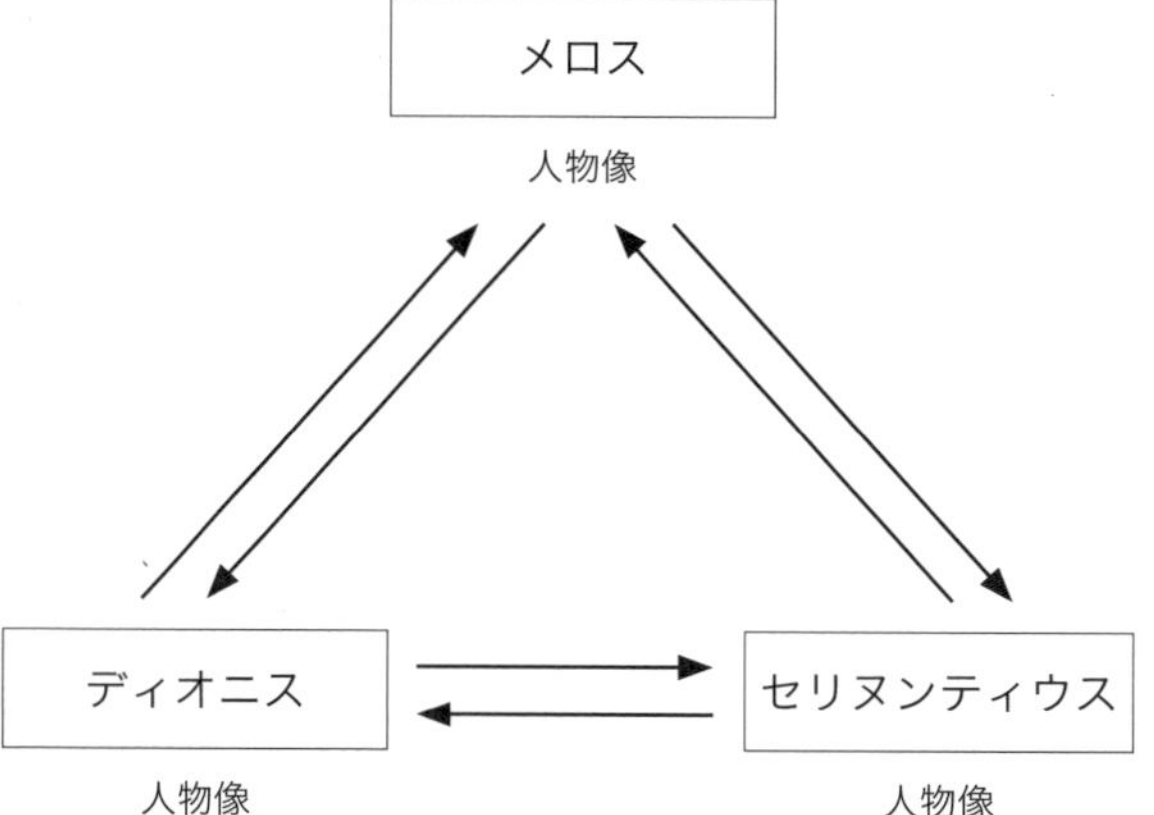

展開3

登場人物の人物像について、考えたことをグループ→全体で共有する。

・考えた根拠となる文を示しながら考えを伝え合えるようにしたい。

生徒のつまずきポイント

○生徒は物語を読み進めていく中で、登場人物の人物像を作り上げていく。しかし、そうしてできた人物像は、無意識的に文章から離れていってしまう場合が多い。本時では、「どの文章からそう考えたか」という点にこだわり、生徒の理解を促していきたい。
○人物像は、人物一人だけで形作られるわけではなく、人物同士の関係の中で形成されていく。登場人物同士の関係を整理することでその点を意識させていきたい。

課題「学習の手引き」

2 本文中に「走れ！メロス。」と命令形で語られているのはなぜか、話し合ってみよう。

問い　なぜ「走れ！メロス」と命令形で語られているのか。

【物語冒頭】

メロスは激怒した。かの邪知暴虐の……

☆登場人物から距離をとって語っている。

【物語中盤】

私は、これほど努力したのだ。約束を破る心は、みじんもなかった……

☆メロスに寄り添って語っている。

精査・解釈

授業の実際　第四時

目標……語り手の視点の変化とその効果を捉える。

導入

　課題の確認をする。

問い　「走れ！メロス」と命令形で語られているのはなぜか。

展開1

　冒頭の語られ方を確認する。

・冒頭では、それぞれの登場人物と距離のある語られ方をしていることを捉える。

・「走れ！メロス」という語られ方と冒頭の語られ方を比較する。

展開2

・視点の位置の変化によって、読者にどのような効果をもたらすのかを話し合う。

「走れ！メロス」は、語り手の言葉である。後述するが、ここでは語りの位置が変化している（語り手がメロスに「寄り添っている」）状況がある。小学校でも『海の命』等の作品で語り手の存在は多少意識されることはあるが、語り手の位置や視点は明確に学習しないままでいることも多い。ここで「語り手の位置による効果」を整理することで、小学校から積み上げられてきた学習が線となってつながる。生徒の「国語力」が二次曲線的に向上していく。

指導でおさえたいポイント

○まず、物語の「語り」とは何かを生徒とともに確認したい。具体的には、カギ括弧で括られいない、地の文のことである。映画やアニメでいうナレーションのような役割と言っても良い。

○語り手の視点が一人称視点なのか、三人称視点なのか、既習の物語を振り返って確認したい。

展開3

終末では、語り手の位置はどうなっているか話し合う。

まとめ

語り手の位置によって、読者の受ける印象が大きく変わることを確かめる。

課題「学習の手引き」

答え

「走れ!」と命令形になっているところから、すでに語り手の意向が反映されている。語り手は主人公「メロス」に対して、距離をとることや批評的な立場に立つのではなく、メロスのすぐそばに存在を感じさせながら、ときに一体化して、この作品を進めている。

・物語の終末では、また語り手の位置が変化している。そこに着目させることで、その効果や筆者の意図に気づけるようにする。

「精査・解釈」の指導ポイント、ノート・板書事例

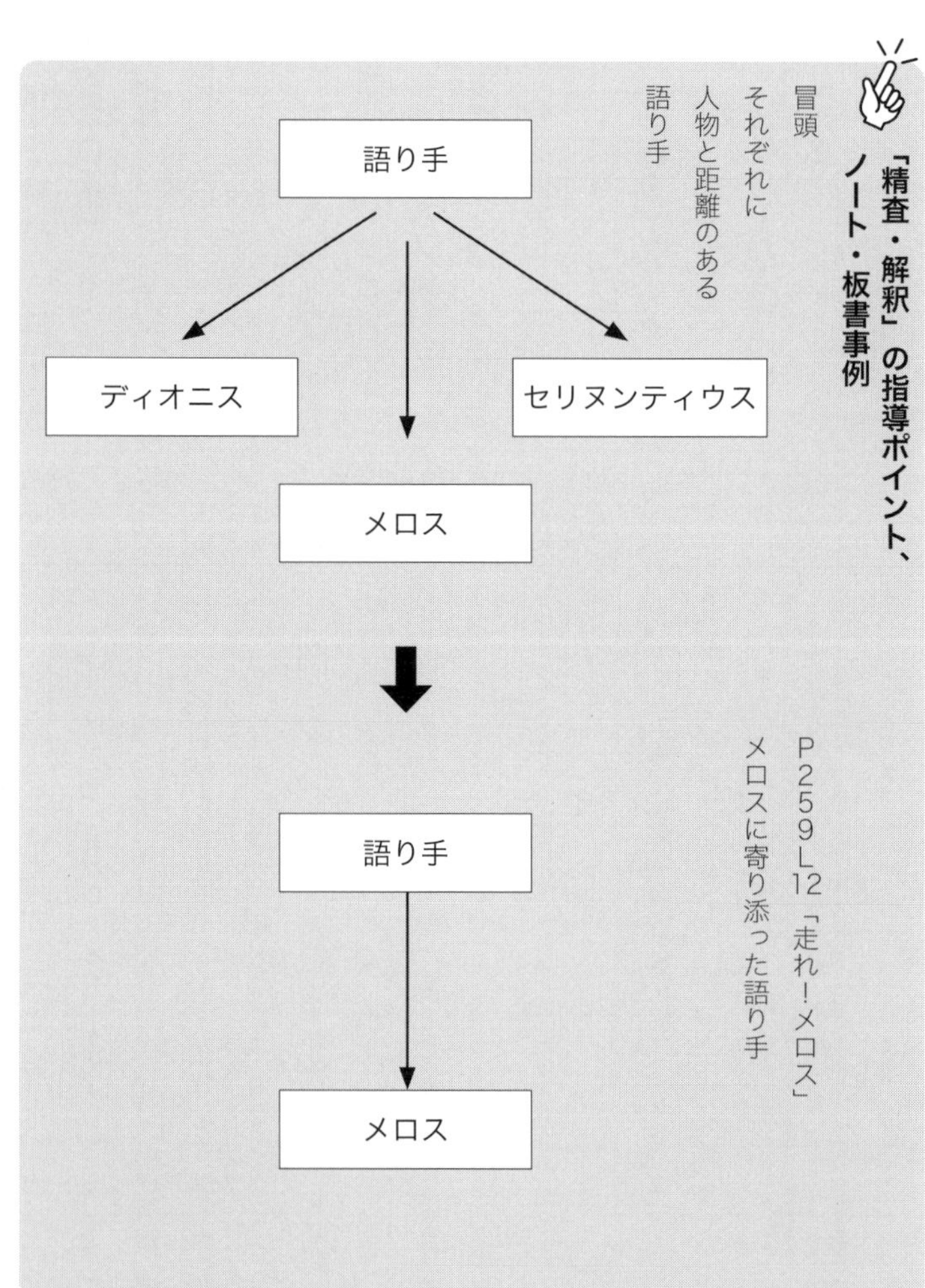

課題「学習の手引き」

3 「私は、途中で一度、悪い夢を見た。」（P263L3）とはどのようなことをさしているのか。

問い　メロスの言う「悪い夢」とはどのようなものだろうか。

・生徒にとっての「夢」とはどんなものか。
「寝ている時に見るもの」
「将来なりたい自分像」

・本時の課題における「夢」とはどんなものか、全体で共有する。

考えの形成、共有

授業の実際　第五時

目標……
物語の展開を踏まえながら、メロスの言う「悪い夢を見た」とはどういうことなのか、自分の考えをもつ。

導入
課題の確認をする。

問い
メロスの言う「悪い夢」とはどのようなものだろうか？

展開1
・物語の流れ
・展開を確認することで、「悪い夢」について考えるためにその前後の文脈を捉える必要があることを確認する。

展開2
・個人で考えた「悪い夢」について、グループで共有し、まとめる。

「悪い夢」と聞くと、睡眠中に見る「悪夢」をイメージする生徒は多い。実際に、『精選版日本国語大辞典』でも、「①いやな夢。恐ろしい夢。縁起の悪い夢。②（比喩的に）現実のこととは思われないような、いやなことや恐ろしいこと。」との記載がある。しかし、「走れメロス」で使われている「悪夢」は、辞書的な意味とは少々異なる。ここでは、言葉を豊かにするためにも、文学作品に特徴的な「言葉の選び方」を扱っておきたい。

指導でおさえたいポイント

○「悪い夢を見た」という言葉をそのまま捉え、理解するのではなく、物語の展開や前後の文脈から何を指しているのか考えさせたい。
○メロスは、必ずセリヌンティウスとの約束を守ろうとして走っている。そんなメロスにとっての「悪い夢」とは何かを考えることができるようにする。

課題「学習の手引き」

答え

「悪い夢」とは、濁流に立ち向かい、山賊とも格闘したメロスが疲労困憊し、セリヌンティウスの待つ刑場に、何がなんでも約束の時間までにたどりつくことを断念すること。そして、悪徳者として生き延びてやろうとか、「ああ、何もかもばかばかしい」とふてくされることを指している。

展開③

・グループで考えた「悪い夢」について全体で共有する。
・「悪い夢」の記述の前後にある文脈から考えることを生徒の発表から引き出し、確認する。

展開④

・全体での発表を聞いて、「悪い夢」について自分の考えをまとめる。

生徒の発表から「考え」を引き出すための工夫として、よく挙げられるのが次の二つである。一つ目が「生徒の考えを受け止め，認め褒めること」、二つ目が「全体の意見から共通点を抽出すること」である。この二つは、「わかっていても難しい」ことだが、ポイントがある。それは、「基準をつくること」である。例えば、「必ず『悪い夢』の前後を根拠にする」「考えを述べる際、メロスの行動を例として入れる」等である。ルーブリックを活用すると、基準もつくりやすい。

「自分の考え」形成の指導

・「悪い夢」について考える際、「夢」をどのように捉えるかを確認する。メロスは言葉通りに本当に「夢を見た」わけではなく、友との約束を破り、戻るのをやめてしまうことについて、「悪い夢」という比喩を用いて表現していることをおさえたい。
・「考えの形成」を促す上で、自分―文章との対話だけでは不十分な生徒が多くいるだろう。教師の全体指導、机間指導も大切であるが、同じ目線の生徒同士で考えを伝え合うことが大切である。グループ・全体での共有を通して、授業の終末では一人一人が自分の考えを形成できるようにしたい。

「読みの三層」ルーブリック

	教材の課題	A　十分達成している	B　おおむね達成している	C　達成していない
構造と内容の把握	「メロス」「ディオニス」「セリヌンティウス」は、それぞれどのような人物かまとめよう。	Bに加え、それぞれの人物同士の関係を適確に図にまとめている。	叙述を根拠としながら、それぞれの登場人物の人物像を適確に捉えることができている。	叙述からそれぞれの人物像を捉えることができていない。
	ワークシートへの人物像・人物関係の記述	※原稿の図を参照	※原稿の図を参照	○人物の言動に関する叙述に線を引かせる。その際、人物ごとに色を変える。
精査・解釈	本文中に「走れ！メロス」と命令形で語られているのはなぜか、話し合ってみよう。	Bに加え、語り手の位置が変化することによる効果（物語全体）を捉えている。	冒頭とP257での語り手の位置の違いとそれぞれの位置での効果の違いを捉えている。	語り手の位置の違いを捉えることができていない。
	ワークシートの記述や話し合いの観察から、語り手の位置について理解できているかについて把握する。	例）冒頭の客観的な語りからメロスに寄り添った語りにすることで、読み手を少しずつ物語に引き付ける効果がある。	例）冒頭の語りは登場人物と一定の距離があるため、客観的である。P257から終盤にかけては、メロスに寄り添っているため、主観的である。	○冒頭の語りの位置とその効果を確認する。次に、P257の語りの位置と効果を確認し、それらの違いを比べて考えさせる。
考えの形成、共有	「私は、途中で一度、悪い夢を見た。」とはどのようなことを指しているのか。	Bに加え、他の場面とのつながりをふまえながら自分の考えを書いている。	「悪い夢」とは何か、叙述を根拠にして自分の考えを書いている。	「悪い夢」が何か、叙述を根拠にして自分の考えを書けていない。
	ワークーとの記述や話し合いの様子から、「悪い夢」について自分の考えをもてているか把握する。	例）「悪い夢」とは、メロスの心の弱さを指している。友との約束を守り、妹の結婚を祝福するために走っているにも関わらず、そのことをあきらめて走るのをやめてしまおうとした心の弱さを「悪い夢」と言っている。	例）「悪い夢」とは、友との約束を破ってしまおう、あきらめてしまおうとメロスがくじけそうになったことである。	○「悪い夢」と書かれている文の前後の文に着目させる。メロスととってどんなことが「悪い」のか確認する。

ルーブリックと授業活動

先述したが、ルーブリックは「回答の基準」としても活用しやすい。「意見を書きなさい」と指示があっても、「どんなことを書けば良いのかわからない」生徒は非常に多い。そこで、ルーブリックを提示することで支援をする。回答例を見て、「なぜその回答になるのか」「回答例の根拠はどこか」を探させる。この活動により、「本文の読み取り方」を段階的に身につけることができる。特に学力が低位の生徒に有効である。

第四時　板書のつくりかた

第四時の学習内容は、語り手の位置の変化についてである。教師と生徒、生徒同士の対話だけでは、抽象的で分かりづらく、学習内容の理解は難しいだろう。板書を図を用いて構造的に作成することで、生徒の理解を支援することができる。

まず、冒頭の語り手の位置を確認する際、左のような図で示す。語り手と登場人物の距離が一定であることを図で分かりやすくする。

語り手

人物　人物　人物

次に、「走れ！メロス」というメロスに寄り添った語り手の位置の変化に着目し、冒頭と同じように図で板書を書いていく。その際、冒頭とのつながりをもたせるために、語り手の位置の変化を矢印で示すと板書が構造的で生徒の思考に沿ったものになる。

このように、語り手の位置の変化という抽象的な内容も、図に示して可視化することが板書では大切である。

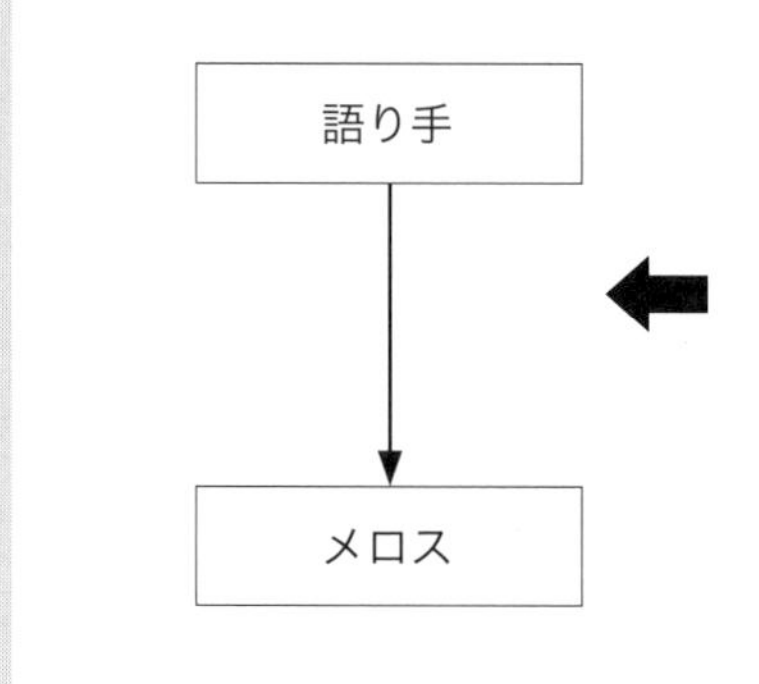

授業活用のポイント

板書のつくり方の例である。次のページと合わせてお読みいただきたい。「図を用いる」ことは、よく唱えられる。また、教科書指導書の「板書例」にも、図を用いた板書が紹介されていることが多い。しかし、「そもそもなぜ図が必要なのか」まで触れているものは非常に少ない。黒板は、教室の前に大きく設置されており、教師に次いで、もしくは教師ほどに視線を集めるものである。そんな「黒板」だからこそ、文字だけではなく「直感的な」アピールが可能である。

授業で使える！ ワークシート・思考ツール②

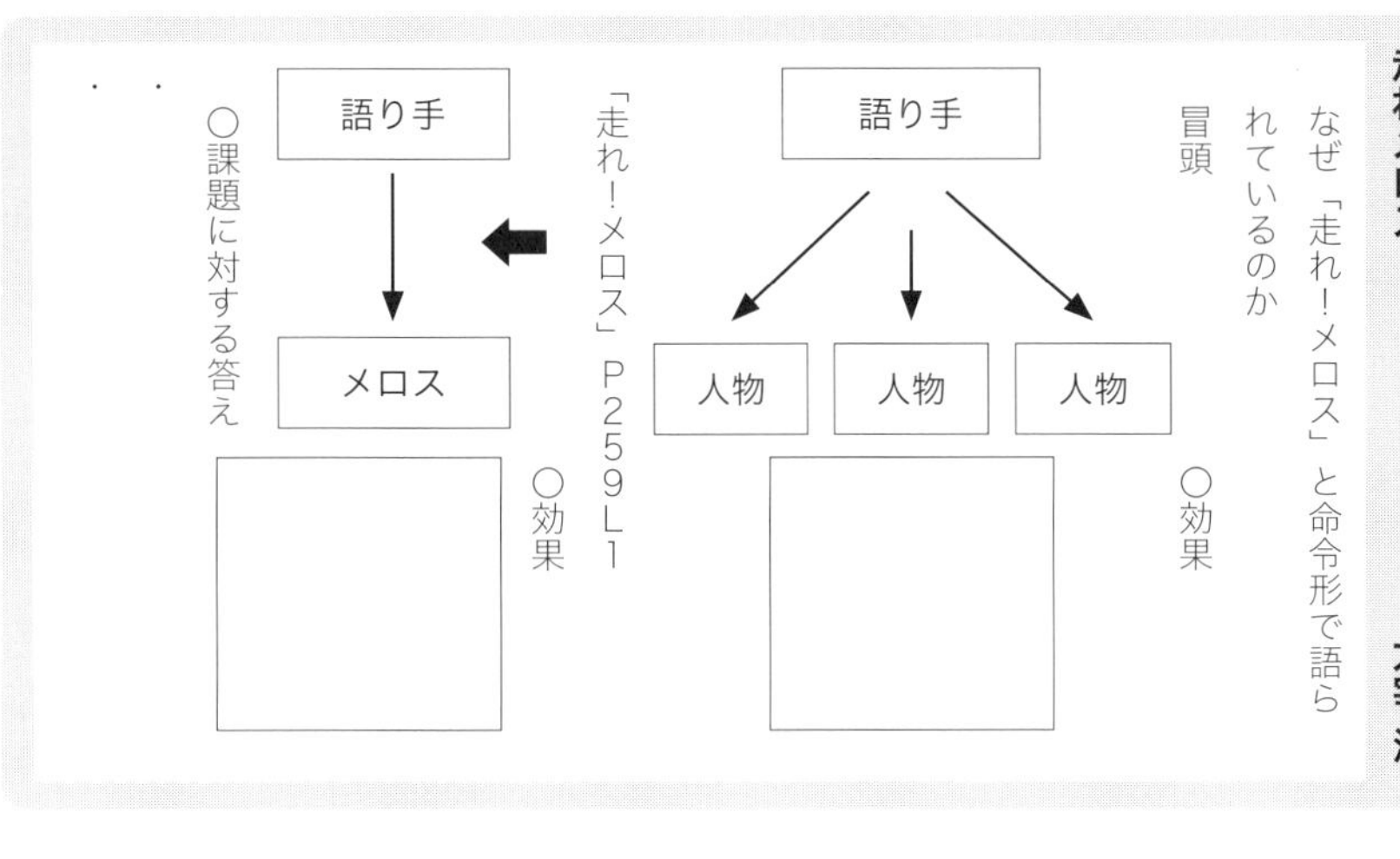

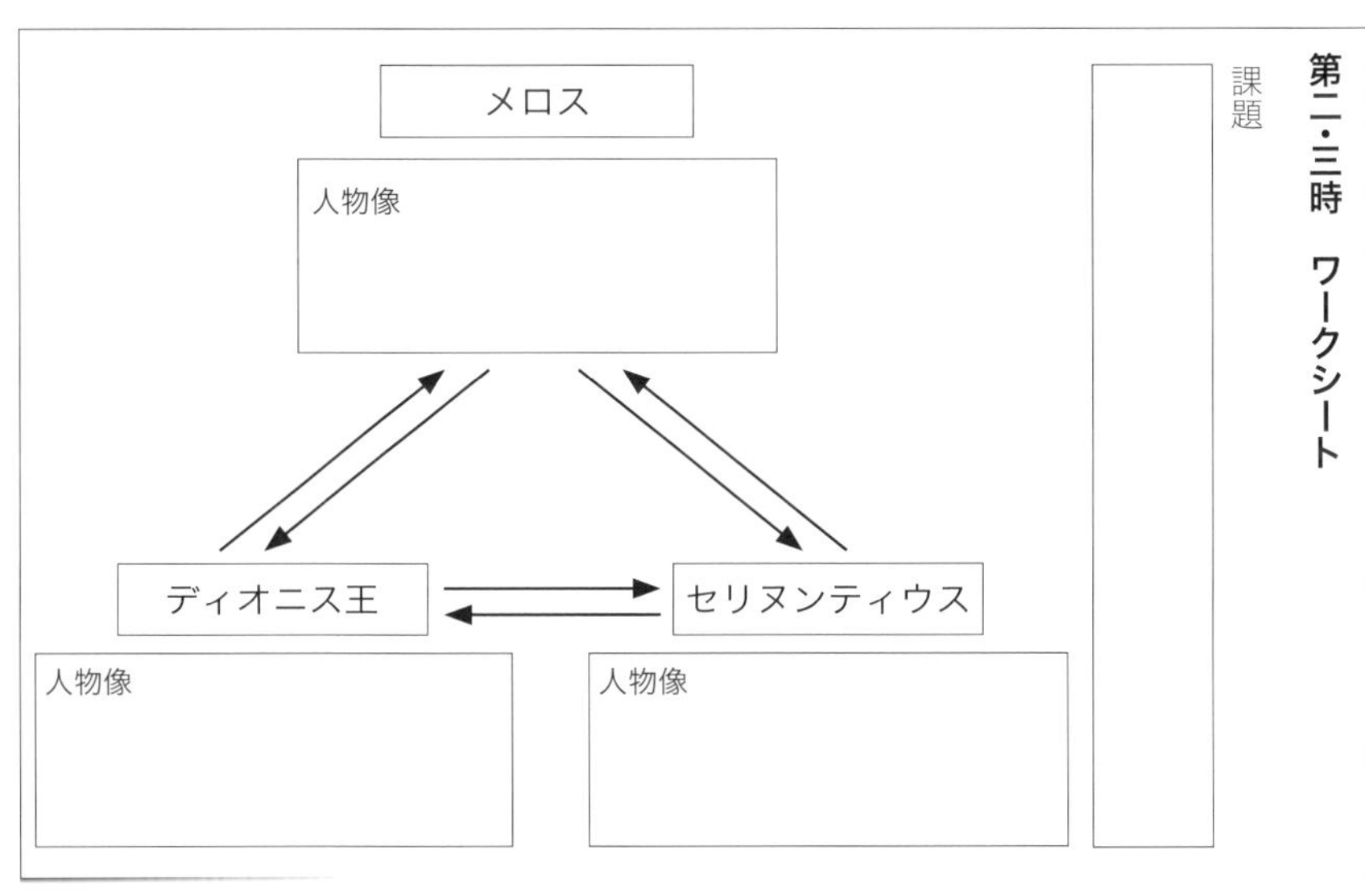

教師の授業の腕には、発問や言葉かけだけでなく、身振り手振り（ジェスチャー）や視線、印象の付け方等も重要視される。生徒の「直感」に働きかけ、思考させ、生徒はそれを「論理」に落とし込む。その一つとして、ぜひ黒板で「図」を活用してほしい。ワークシートは、板書に対応したものである。先生方の授業づくりに、役立つものとなることを願っている。

↑
49〜51ページ
のデータの
ダウンロード用
QRコード

坊ちゃん

自分の考えを広げ、日常の読書活動と結びつける

石﨑 智恵子

『坊ちゃん』は、明治の文豪、夏目漱石の作品の中でも、明るく、ユーモアに富んだ作品である。本教材となっている第一章は、小学校時代からの「坊ちゃん」の人柄や家族関係、清との心温まる交流が語られている部分である。

第一章では人物像や出来事がスピーディーに描写され、それに対する批判や肯定の気持ちがきっぱりと断定的に表される。また一人称で語られ、自己と他者の関係における心の動きが丁寧に描かれている、複雑な心情の動きを表現から丁寧に捉えていくことで、作品を深く読み味わえる作品といえる。

本教材では、自分の経験と文章を関連付けて読むことを通して、文学作品の読む楽しさを味わうことができる。また、日本を代表する作家や作品に触れることで、読書意欲を喚起し、生涯にわたって本に親しむ態度の形成につなげることも可能である。

単元目標達成の授業導入ポイント

教材としての文書を読んだ生徒が、自己の体験と文章をどのように関連付け、どんな思いや考えを抱いたのか、文章を読んで理解したことに基づいて、自分の考えを確かなものにすることが大切である。また、一つの文章が他の生徒にどう読まれたか、互いの読みを関わらせ、解釈の共通点・相違点を検討することも大切になる。

文学的な文章について、既習事項として、登場人物の相互関係や心情の変化、行動や情景の描写などに注意しながら読み進めることを学習している。これらを活用し、自分の解釈の根拠を考える。「精査・解釈」、「考えの形成」の段階で、思考スキルとして「比較」を使う。共通点・相違点を意識して読むことを通して、文章を深く理解したり作品がもつ魅力に迫ったりすることができるようにする。

課題「学習の手引き」

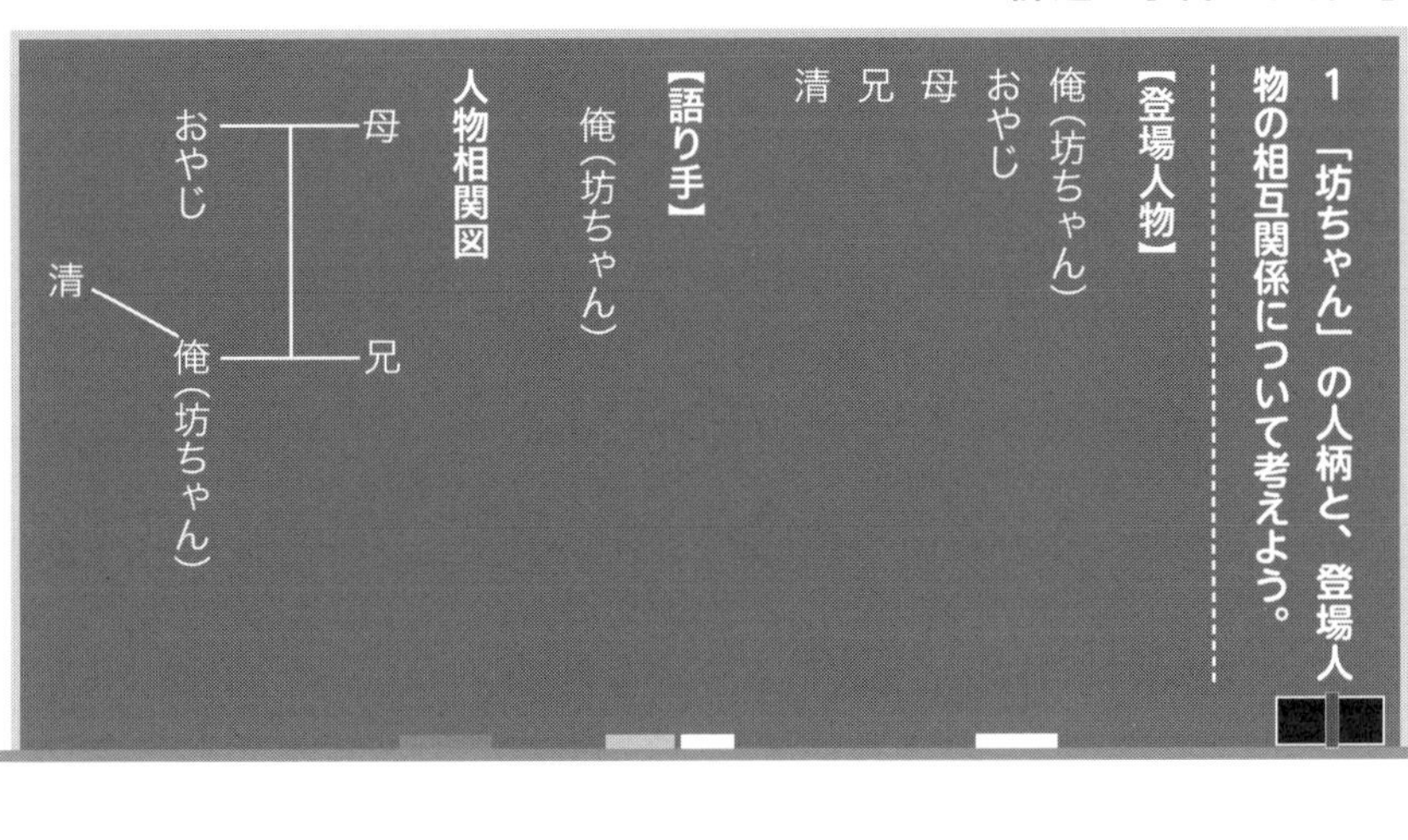

構造と内容の把握

授業の実際　第二時

学習箇所　第一・二場面

目標……登場人物の設定に着目し、登場人物の相互関係と、人物像を捉える。

導入　前時を振り返り、課題を確認する。

展開①　設定を捉え、登場人物の相互関係ついて考える。

○本文を六つの場面に分ける。

○「坊ちゃん」に出てくる登場人物を挙げる。

○語り手を確認する。

○人物相関図をつくる。

文学的文章を読む際は、登場人物の設定を捉えることが大切である。設定（名前や年齢、置かれている状況や立場、他の登場人物との関係など）を分かりやすく整理するためには、人物相関図を書くと良い。

人物相関図が書けない生徒には、①文章を読み、登場人物を順番に書き出し中心となる登場人物を確かめる。②どのような人物か分かる言葉に線引く。③中心人物との結びつきを線でつなげる。というように段階を踏んで指導すると良い。

課題「学習の手引き」

2 坊ちゃんの人柄について考えよう。
＊p60のワークシート①を活用する。
・俺（坊ちゃん）
親譲りの無鉄砲
・おやじ
どうせろくな者にはならない
きさまはだめだ
・母
乱暴で行く先が案じられる
・兄
親不孝
・清
まっすぐでよいご気性

展開②
坊ちゃんの人柄について考えよう。

（発問②）坊ちゃんの人柄について考えよう。

第一・二場面の中から、坊ちゃんの人物像がわかる描写に傍線を引く。線を引くことで、人柄が表れている描写について視覚的に捉えることができ、情報が取り出しやすくなるからである。線を引くことができない生徒には登場人物の行動や会話などに着目するようにアドバイスする。線を引いた箇所をワークシート（60ページ）にまとめることで、坊ちゃんの人柄を整理する。

まとめ　「坊ちゃん」の人物像を捉える。

ワークシートをもとに、それぞれが捉えた坊ちゃんの人柄について、自分が考えたことをグループで交流する。交流して分かったことを踏まえて。坊ちゃんの人柄を捉える。

評価
・第一・二場面から登場人物を挙げ、人物相関図を書いている。
・登場人物の言動から坊ちゃんの人物像を記述している。

生徒の声・つまずきポイント、ノートや板書事例
人物像を捉えるときに、着目するのは「会話」と「行動」である。
第一場面では、「俺（坊ちゃん）」の様々なエピソードが語られる。そのため、学習者は、どこを焦点化すればいいか不明瞭になる可能性がある。
そこで、語り手である「俺（坊ちゃん）」と、「おやじ」「母」「兄」「清」がそれぞれ「俺（坊ちゃん）」についてどのように述べているのかに着目するように促す。その一助として、ワークシートを活用する。

課題「学習の手引き」

3　坊ちゃんと登場人物の関係について捉えよう。

・次の空欄に当てはまる言葉を考えましょう。

汽車がよっぽど動きだしてから、もう大丈夫だろうと思って、窓から首を出して振り向いたら、（①）立っていた。なんだかたいへん小さく見えた。

「やっぱり」

①ない場合

「立っている」ということだけを言っている

・しかしの場合

いないから大丈夫だと思っていたのに、清がいたことの驚き

・「やっぱり」の場合

普通ならいないけれど、清ならいると思っている。

精査・解釈

授業の実際　第三時

学習箇所　第二・三場面

目標……坊ちゃんと登場人物の関係について捉える。

導入　「清」と坊ちゃんの関係について捉えるにあたり、最後の二文に着目する。

（発問①）次の空欄に当てはまる言葉を書きましょう。

汽車がよっぽど動きだしてから、もう大丈夫だろうと思って、窓から首を出して振り向いたら、（　①　）立っていた。なんだかたいへん小さく見えた。

空欄①には「やっぱり」、が入る。①の空欄について「清は」と答える生徒が多いと考えられる。直前に「もう大丈夫だろう」という言葉があるため、「やっぱり」が入ることは生徒には想定しにくいと思われる。しかし、この箇所は坊ちゃんの「清」に対する思いが表れているところでもある。最後の二文を示すことで、「清」と坊ちゃんの相互関係を捉えることに生徒が興味をもつように促す。

課題「学習の手引き」

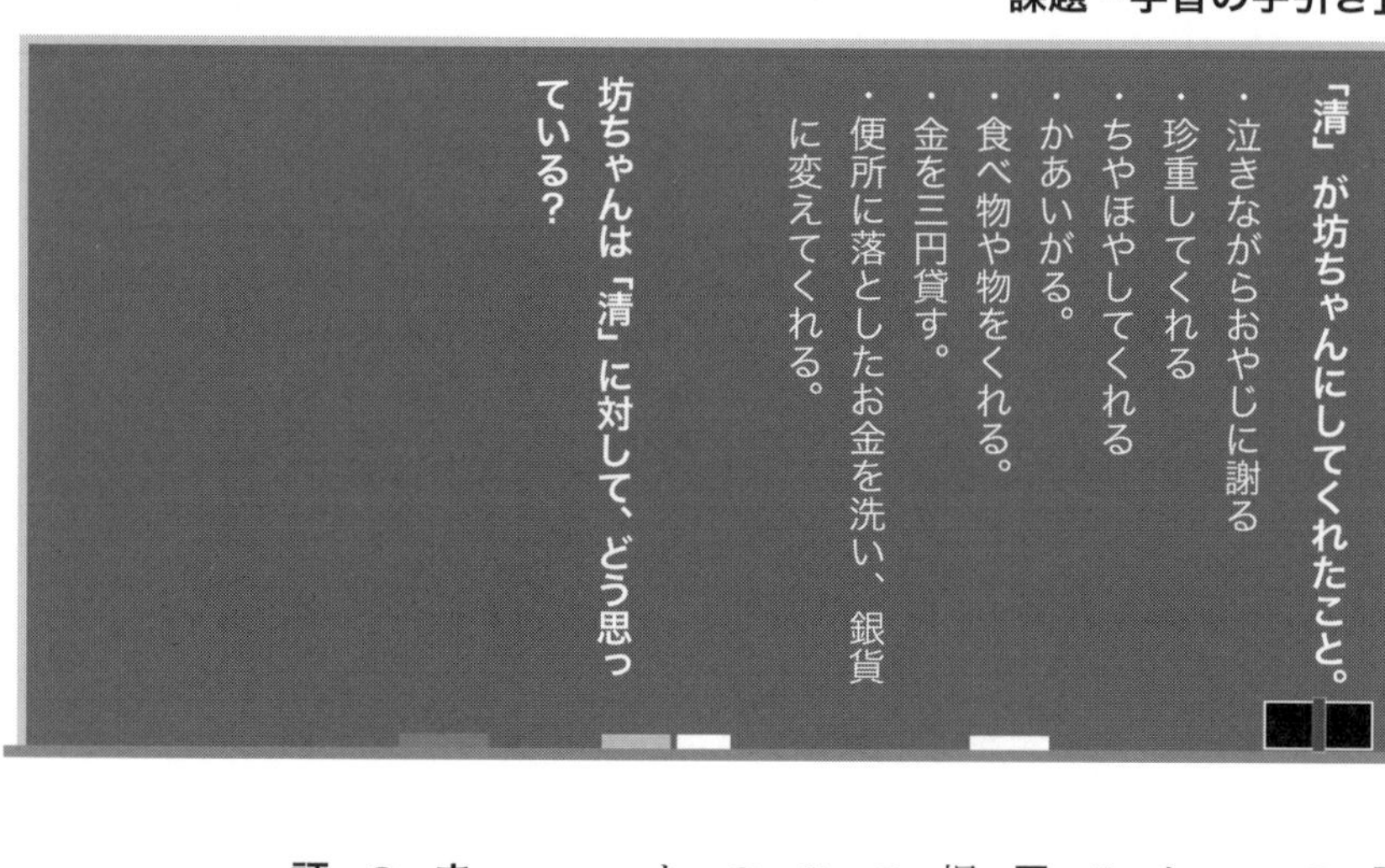

展開①　「清」との関係を捉える。

（発問①）「やっぱり」という言葉が①ない場合と②「しかし」という言葉を入れた場合、③「やっぱり」という言葉がある場合ではどのような違いがありますか。

展開②　坊ちゃんの「清に対する思いを捉える。

（発問②）「清」が坊ちゃんにしてくれたことはどんなことですか。

（発問③）坊ちゃんは「清」の言動を坊ちゃんはどう捉えていますか。

　プラスのイメージ

　マイナスのイメージ

まとめ　「清」の言動に対する坊ちゃんの思いを捉える。

評価

・清が坊ちゃんにしたことを整理し、坊ちゃんにとって「清」がどういう存在だったかを記述している。

生徒の声・つまずきポイント、ノートや板事例

清が坊ちゃんにしたことや、坊ちゃんにとっての「清」とはどんな人物かを整理する際、「Ｊａｍｂｏａｒｄ」など電子ホワイトボードを使用するなどＩＣＴを活用して整理する方法も考えられる。

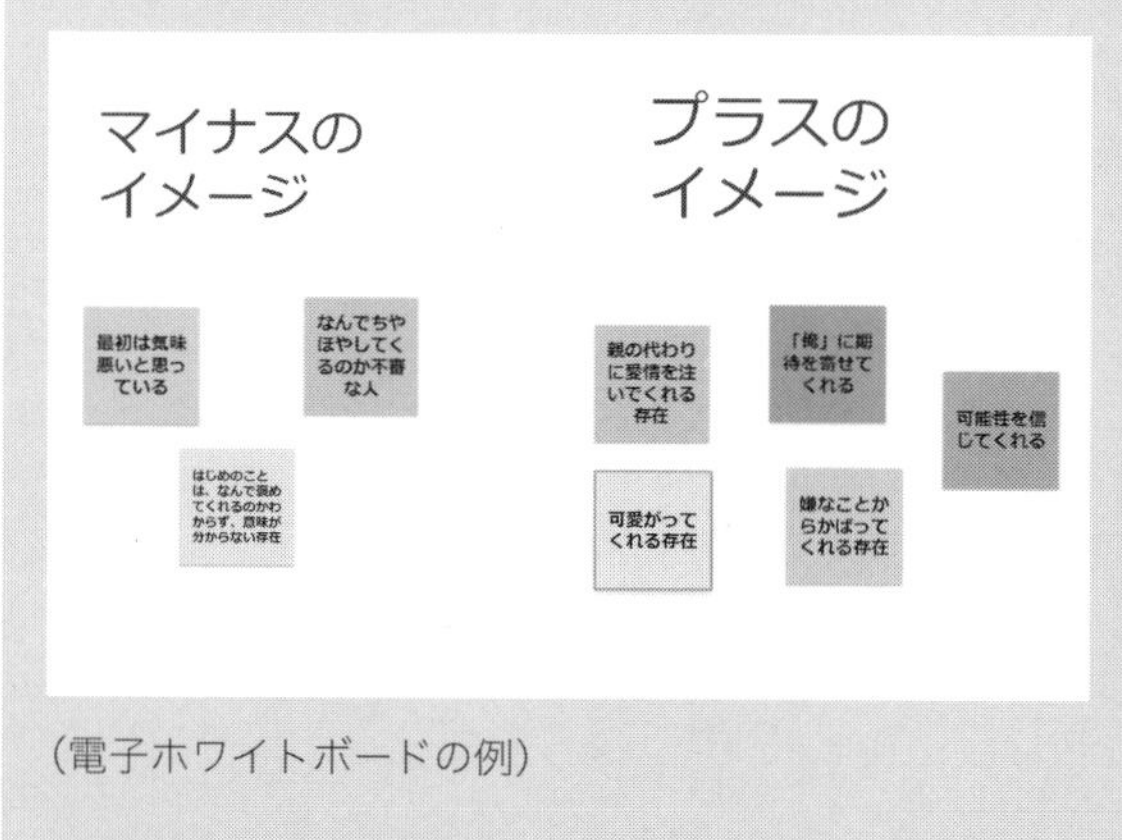

（電子ホワイトボードの例）

4 坊ちゃんの人柄や登場人物との関係について自分の考えをまとめよう。

【面白いと思ったところ】
・坊ちゃんの人柄
・無鉄砲なところ
・人に隠れて自分だけ得をすることが嫌いなところ
・登場人物との関係
・「清」にかわいがってもらっているところ。
【交流】
・共通点
・相違点
【交流を通して気付いたこと】

○坊ちゃんの人柄や登場人物との関係について自分の考えをまとめよう。
【面白いと思ったところ】
・坊ちゃんの人柄
・登場人物との関係
【交流】
・共通点
・相違点
【交流を通して気付いたこと】

考えの形成、共有

授業の実際　第四・五時

目標……坊ちゃんの人柄や登場人物についての自分の考えを文章にまとめ、グループで話し合う。

展開①　坊ちゃんの人柄や登場人物の相互関係でおもしろいと思ったことをまとめる。

展開②　グループで交流する。

グループで交流することで、読みを関わらせ、お互いにどんな思いや考えを抱いたのか、共通点と相違点を見つける。

まとめ　交流を通して気付いたことをまとめる。

交流のポイント

交流を深めるためには、相手の話を聞くことが大切である。熱心な生徒ほど、相手の話をすべて聞こうとしてしまう。そこで、話を聞く際、思考スキルとして比較を用い、自分との共通点と相違点はどこなのかポイントを絞って聞くように指導する。話し合っているときには、メモを取ると良い。メモをする際は、相違点のみ、箇条書きするように助言する。相違点を意識して聞くと、質問も生まれやすくなり、話し合いを深めることができる。

課題「学習の手引き」・実際の意見

5 これまでの学習を生かして、登場人物についての自分の考えを一分間スピーチで発表しよう。

【坊ちゃんと自分との比較】
（共通点）
人柄
（相違点）
・いたずらをして怒られるところ。
・無鉄砲なところ
人間関係
（共通点）
祖母は「清」と同じように自分をほめてくれる。
（相違点）
自分は兄と仲が良い
【交流】
・共通点
・相違点
【交流を通して気付いたこと】

展開① 坊ちゃんと自分との共通点と相違点について考える。

展開② グループでの交流を通して、自分の考えを広げる。

ここでは、文章を読んで、感じたり考えてたりしたことを互いに発表すし、新しいものの見方や考え方を得る時間となる。自分の考えを形成したり、交流して考えを広げるときに使う思考スキルとして比較が挙げられる。生徒に提示する時は、「共通点と相違点」という言葉で示した方がわかりやすい。生徒は共通点に目がいきやすい。しかし、相違点に着目した方が考えは広がり、交流も活発になる。

評価

文章を読んで理解したことに基づいて、自分の考えを確かなものにすることができる。

＊日常の読書活動と結びつくようにワークシート②を活用する。

重要！ 指導ポイント

【自分の考えの形成】

文章を読み、自己の経験と文章をどのように関連づけ、どんな思いを抱いたのかを他者に説明する。そして同じ文章を読んだ級友との交流から、互いの解釈の共通点や相違点は何であったか検討する。それらを通し、自分の考えを確かなものにしていくことが大切である。そのためにも、それぞれの場面で意識して比較の思考スキルを用い、自分の考えが形成出来るように促すことが重要である。

【振り返り】

振り返りにあたっては、
①自分の考えをつくる上で、意識したこと、役に立ったこと。
②この学習を通して身に付いたことや出来るようになったこと
③自分の考えを形成するために試行錯誤したこと。
の三つを観点として挙げることで、学習者が、この授業で身に付けたことを改めて確認することができるようにする。

「読みの三層」ルーブリック

	教材の課題	A　十分達成している	B　おおむね達成している	C　達成していない
構造と内容の把握	「坊ちゃん」の人柄と、登場人物の相互関係について考えよう。	・第１・２場面から登場人物を挙げ、人物相関図を書いている。 ・登場人物の言動から坊ちゃんの人物像を捉え、それぞれの捉え方を比較して記述している。	・第１・２場面から登場人物を挙げ、人物相関図を書いている。 ・登場人物の言動から坊ちゃんの人物像を記述している。	・第１・２場面から登場人物を一部のみ挙げている。人物相関図を部分的に書いている。 ・坊ちゃんの人物像を部分的に記述している。
	人物相関図を書き、登場人物の言動から坊ちゃんの人物像を記述している。	・Bの内容を理解した上で、人物相関図に置かれている状況や立場、外見や性格、言動などの特徴を書いている。 ・Bの内容を理解した上で、家族と、「清」との間で「俺（坊ちゃん）捉え方を比較し、違いについて記述している。	・第１・２場面から登場人物として「俺（坊ちゃん)」「おやじ」「母」「兄」「清」を挙げ、それぞれの関係を人物相関図にとして書いている。 ・「俺（坊ちゃん)」「おやじ」「母」「兄」「清」のそれぞれ言動から坊ちゃんの人物像を記述している。	・第１・２場面を読み、登場人物がわかる部分に線を引くように促す。 ・登場人物の会話と行動に着目するように促す。
精査・解釈	登場人物の相互関係について考えよう。	・第２・３場面から、清が「俺」にしてくれたことを整理し、「俺」にとって「清」がどういう存在だったかを記述している。	・第２・３場面から、清が「俺」にしてくれたことを整理し、「俺」にとって「清」がどういう存在だったかを記述している。	・第２・３場面から「清」が「俺」にしてくれたことの一部を挙げている。
	作成したワークシートなどを基に、この文章が解釈・理解できているかについて、全体像を図示することで把握する。	Bの内容を踏まえた上で、「清」の言動について「俺（坊ちゃん）が捉えているプラス面とマイナス面を比較し、「俺」にとってどういう存在であるかを自分の言葉で記述している。	○「清」がしてくれてたこと ・泣きながらおやじに謝る ・珍重してくれる ・かあいがる ・食べ物をくれる ・物をくれる ・三円をくれる ・便所に落としたお金を洗い、銀貨にかえてくれる を記述している。 ○「清」が「俺」にとってどういう存在であるかを記述している。	・第２・３場面を読み、「清」の言動の部分に着目し、本文に線を引くように促す。
考えの形成、共有	これまでの学習を生かして、登場人物についての自分の考えを一分間スピーチで発表しよう。	文章を読んで理解したことに基づいて、登場人物について、他の人と比較し、自分の考えを確かなものにしている。	文章を読んで理解したことに基づいて、登場人物について自分の考えを確かなものにしている。	登場人物について自分の考えを述べることに困難がある。
	作成したワークシートなどを基に、自分の考えを述べ、交流を通して、考えを広げ、深める。	「自分の考え」と他の人の考えと比較し、共通点や相違点を見つけ,自分の考えを広げることができる。	ワークシートの記述から、交流の時に「自分の考え」と他の人の考えと比較し、共通点や相違点を見つけることができる。	①坊ちゃんと自分 ②自分の考えと他の人の考え ①②についてそれぞれ比較し。気づいたことを書くように促す。

ルーブリックと学習活動

評価の基準を学習者に示すことで、何を身につけ、どこまで到達すればいいのかが明示される。そのため、学習者にとっては、学習の通しをもつことができる。

「構造と内容の把握」のところでC基準の生徒に対しては、会話や行動に着目することと、それを視覚的に捉えられるように線を引くことが有効である。「精査・解釈」「考えの形成」では、ポイントとなる語句について取り上げることと、思考スキルの比較を用いると良い。特に相違点に着目することで、課題を解決できる学習スキルを身につけさせたい。

授業で使える！ ワークシート①

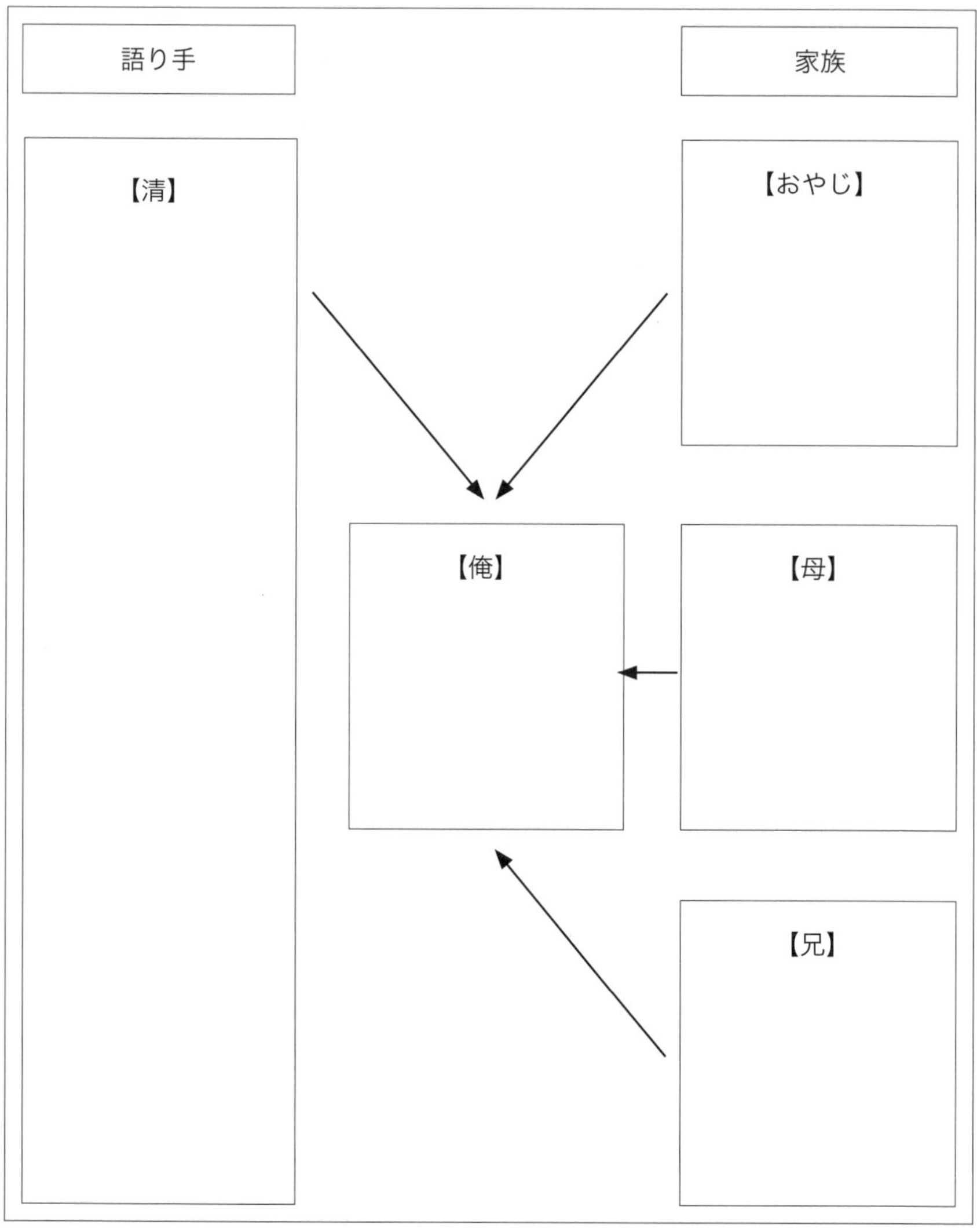

授業活用のポイント

第二時で用いる。

「俺（坊ちゃん）」の人物像を捉える学習となる。

文章中から読み取った人物像を矢印で結ぶなどして、整理する。

今回はワークシートで示したが、電子ホワイトボードを使用するなどＩＣＴを活用して整理する方法も考えられる。その際は、家族と他人など、比較する軸を明確にする。

比較の思考スキルを用い、相違点を明らかにすることで、人物像についての生徒の読みを深めることが狙いである。

読書の手帳

心に残る言葉や気になる言葉に出会ったら、書き留めておこう。また読書の幅を広げるために、いろんな本と出会ってみよう。

日付	年　　月　　日
本の題名	
作者	
言葉	
感想	
読書を広げるために ＊次に読んでみたい作品（作家等）に〇をつけよう。	〇同じ作家の作品 〇同じ時代の作家

（例）

日付	〇年　　〇月　　〇日
本の題名	『坊ちゃん』
作者	夏目漱石
言葉	親ゆずりの無鉄砲で子供のときから損ばかりしている。小学校にいる時分、学校の二階から飛び降りて、一週間ほど腰を抜かしたことがある。
感想	僕も稚園生のときに、小学校のジャングルジムの一番高い所から飛び降りて、親からものすごく怒られたことがあるので、この部分は共感できた。
読書を広げるために ＊次に読んでみたい作品（作家等）に〇をつけよう。	〇同じ作家の作品 『吾輩は猫である』『三四郎』『こころ』 〇同じ時代の作家等 森鴎外　正岡子規

授業活用のポイント

読書について学習指導要領では〔知識及び技能〕(3)「オ　読書が、知識や情報を得たり、自分の考えを広げたりすることに役立つことを理解すること。」と示されている。このことと今回の学習の関連を図り、日常の読書活動と結びつくようにすることが大切である。読書の範囲を広げるようにするために、このワークシートを活用する。

↑
59～61ページ
のデータの
ダウンロード用
QRコード

握手

登場人物の生き方・考え方に触れ、自分の生き方について考える

森 有彩

本教材は、「わたし」とルロイ修道士が再会した場面を、「わたし」の視点から描いた物語である。久しぶりの再会の中で、ルロイ修道士が差し出した「握手」や会話の中で示される数々の指のサインによって、「わたし」はルロイ修道士との懐かしいエピソードを思い出す。交わされる会話や回想の中のエピソードからは、ルロイ修道士の人物像、そして生き方や考え方を捉えることができる。また現在の場面では、「わたし」もルロイ修道士に指のサインを送っている。この描写から、「わたし」にとってのルロイ修道士の存在の大きさや、お互いの信頼関係を感じることができる。進路選択という大きな岐路に立つ時期に、ルロイ修道士の生き方・考え方に触れ、自分の生き方や考え方を見つめ直すことができる教材である。

また構成の特徴として、現在の場面と過去の場面とが複数回入れ替わる点が挙げられる。現在と過去の回想との繰り返しが、ルロイ修道士の人物像やルロイ修道士に対する「わたし」の心情の変化をもたらしたり、物語の展開にどのような効果を表したりするか、考えさせられる教材である。

単元目標達成の授業導入ポイント

・自分の「生き方」への考えを共有する。
・題名について考える。
・場面が変化するときについて確認する。

この三点が重要である。

内容を読み取る前に、進路選択を控えた一人一人がどのような「生き方」が目標かを考えさせ、単元に興味をもたせる。

題名である「握手」は普段どんな時に行うのか、また「手」を使ってどのような合図を送っているか、振り返らせる。そこで題名について触れ、考えることで、登場人物がどのような意図で「手」の合図を送っているのか、「握手」しているのか興味をもつとともに、題名も物語の主題を表す一つであることに気づくことができる。

場面は登場する人物や時間、場所によって変化する。その中で、登場人物が過去を思い出したり振り返って語っている場面が「回想」ということを確認し、場面の変化を意識しながら読んでいく。

課題「学習の手引き」

登場人物の人物像や心情を読み取ろう

【課題】
行動に隠された心情を読み取ろう。
〈心情が描かれている描写〉
・心情描写…心情をそのまま言葉で表す。
・行動描写…言葉や表情、動作で心情を表す。
・情景描写…場面を表す情景で心情を表す。
①行動描写
・ルロイ修道士→赤線
・「わたし」→青線
②三つの「握手」
(1)ルロイ修道士→「わたし」
ルロイ修道士は机越しに握手で迎え
それは実に穏やかな握手だった。
(2)ルロイ修道士→「わたし」
(3)「わたし」→ルロイ修道士
それからルロイ修道士の手をとって、

構造と内容の把握、精査・解釈

授業の実際　第二時

目標……登場人物の行動とその心情を読み取る。

導入　前時の確認、心情を表す描写について確認する。

○どのような場面で現在から回想場面に変わっていったでしょう。

・ルロイ修道士は大きな手を差し出してきた。その手を見て思わず顔をしかめた……

・両のてのひらを擦り合わせる。だが、彼のてのひらは……

本時の活動につながるルロイ修道士の「手」に関する動作が、「わたし」にとって過去を回想するきっかけになっていることを確認する。

○心情を読み取る描写には、どのような描写がありましたか。

・心情描写……心情をそのまま言葉で表す。(例)嬉しい、喜ぶ、怒る等

・行動描写……言葉や表情、動作で心情を表す。(例)涙を流す、拳を突き上げる等

・情景描写……場面を表す情景で心情を表す。(例)輝くばかりの陽の光等

この中で、題名である「握手」はどれに当てはまるか問いかける。「握手」は行動描写であることを確認し、その描写に着目して心情を読み取っていくことを把握させる。

展開　人物の行動描写を探す。

○人物の行動を表す描写を探し、デジタル教科書に線を引きましょう。

・ルロイ修道士が行っている行動→赤線　・「わたし」が行っている行動→青線

デジタル教科書で線を引いた後、ディスプレイを使いながら全体で確認していく。

その後「三つの握手」を確認する。

課題「学習の手引き」

③「握手」に込められた心情
(1)ルロイ修道士は机越しに握手で迎えて、
・「わたし」が初めて光が丘天使園に来た場面→緊張、不安な気持ち
(2)それは実に穏やかな握手だった。
・久しぶりに「わたし」とルロイ修道士が再開する場面
(3)それからルロイ修道士の手をとって、しっかりと握った。
・ルロイ修道士と別れる場面
・「わたし」はルロイ修道士に死が近づいていることを予感している。
④「わたし」からルロイ修道士に送った手のサインに込められた心情
葬式でそのことを聞いたとき、わたしは知らぬ間に、両手の人差し指を交差させ、せわしく打ちつけていた。
・「そのこと」を聞いた
のルロイ修道士は、身体中が悪い腫瘍の巣になっていたそうだ。

○確認した三つの握手には、それぞれどんな気持ちが込められているでしょうか。お互いの考えを共有しましょう。
・ルロイ修道士は机越しに握手で迎えて、「ようこそ。」「もう心配はいりませんよ。安心してくださいね。」→緊張する『わたし』を落ち着かせよう。
・それは実に穏やかな握手だった。→久しぶりに会えて嬉しい。
・それからルロイ修道士の手をとって、しっかりと握った。→わたしたちを助けてくれてありがとう、どうか病気に負けないでほしい。

一つ目の「握手」について、教員の「マイ黒板(デジタル教科書付属)」をディスプレイに提示して全体で活動の流れを確認する。どんな場面での握手なのかを問いかけ、場面全体を読みながら考える。その後個人で、「マイ黒板」を使い、各描写に込められた心情を考えた後、グループで考えを共有する。

まとめ

○最後の場面で、「わたし」が「知らぬ間に、両手の人差し指を交差させ、せわしく打ちつけていた。」時の心情を考え、自分の言葉でまとめましょう。
・わたしたちに接してくれたように、自分の体も優しく大切にしてほしかった。

心情を自分の言葉でまとめられず、つまずく場面を細かく確認して考える

それぞれの「握手」が誰から誰に向けての行動であるか、最初に全体で確認したうえで、心情を考えさせるとよい。

個別での活動の際は、言葉がまとめられない生徒には、なぜその「握手」を差し出したのか、理由を考えさせる。

また、最後の「握手」について「病気に気付けなかった『わたし』の後悔」と捉えてしまう場合がある。描写が書かれた一文のみではなく、場面全体を読んで考えるよう指示する。

課題「学習の手引き」

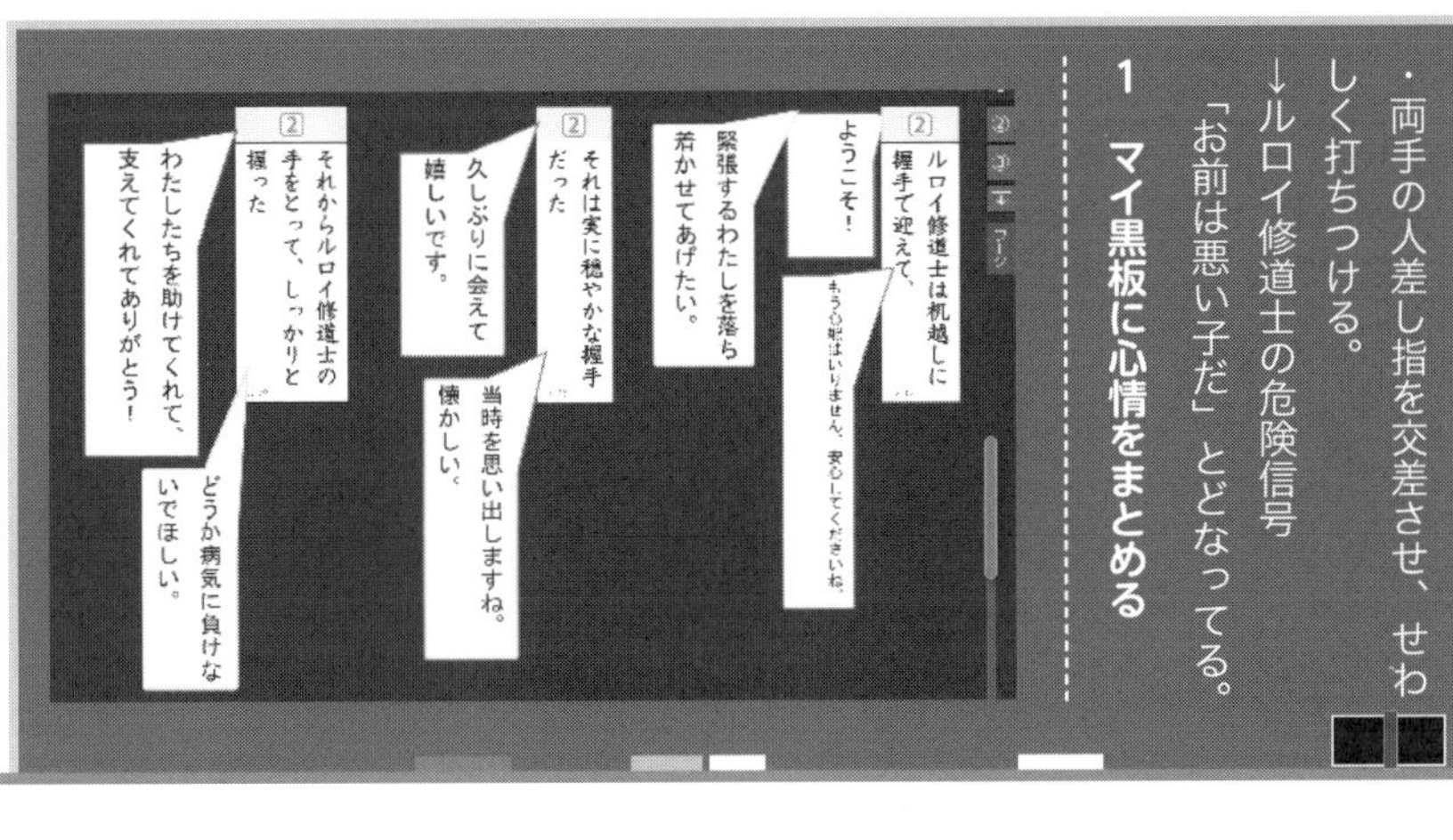

・なぜわたしは、ルロイ修道士に何もしてあげられなかったのか。無念である。心情をまとめ、互いに考えを共有できるようにスプレッドシートに書き込んでいくようにする。

左は、本時で活用するデジタル教科書の活用例である。

全文の中から描写を見つける活動において、探した描写をすべてノートに書いていこうとすると、大幅に時間がかかってしまう。また生徒によって書く速さが異なるため、活動時間に差が出てしまう。書き写すという作業に対し、意欲を保てない生徒も出てくると予想される。教科書や本文を記したプリントを活用した場合では、描写を見つけて線を引くことは可能であるが、その後の活動である、心情の書き込みができなくなってしまう。デジタル教科書を活用して書き込みを行うことで、活動時間を短縮し、スムーズに次の活動へつなげられる。

「マイ黒板」には、本文から探した描写を書き抜き、貼り付けることができる機能がある。付箋機能もあるため、その描写に対する心情をそれぞれ書き加えていくことができる。付箋の色を変えられるため、他者の意見を書き加えて、自分の意見と比べたり共感したりすることに使える。

デジタル教科書を活用して線を引く

課題「学習の手引き」

2 「ルロイ修道士」の人物像が読み取れる言動を抜き出し、どのような人物であるかを短くまとめてみよう。

〈人物像を捉える〉
(1)人物の言動
・「一人一人の人間がいる、それだけのことですから。」
国籍で区別をしない→公正公平
(2)他者に与える影響・他者との関係
・あんなにうれしそうに眺めているルロイ先生を、ほんの少しでも疑っては罰が当たる。みんながそう思い始めたからである。
優しさをしっかり子供たちが受け取っている→愛情深さ
②描写から捉えられる人物像
・敗戦国の子供のために、泥だらけになって野菜を作り鶏を育てている。→どんな気持ちで行っているか。

授業の実際　第三時

目標……描写から人物像を読み取る。

導入　お互いの人物像について考える。

○ペアになり、相手はどのような人物だと思うか考えてみましょう。また、どういうところを見て、そのような人物だと思いましたか。理由も考えましょう。

・○○さん……熱情的な人物
(理由)部活が始まる前にシュート練習を一人で欠かさず行っているから。試合でも人一倍声を出し、みんなを盛り上げてくれるから。

・○○さん……ムードメーカー
(理由)いつも面白いことを言い、クラス全体を和やかにしてくれるから。クラスやその場にいると安心できるから。

まず身近な友人の人物像について考えさせる。そして人物像とは、その人物の言動や自分(他者)に与える影響、自分との関係から読み取れるということを確認する。

展開

○ルロイ修道士の人物像を考えるために、ルロイ修道士の言動や「わたし」が捉えているルロイ修道士について書かれた描写を探し、デジタル教科書に線を引きましょう。

前時と同じように、デジタル教科書を活用し、線を引いていく。個人で活動した後は、ディスプレイを画面共有し、全体で確認していく。全体で確認することで、個人の活動でつまずいた生徒にも描写を把握させ、本時のまとめである人物像について考える活動へと向かわせる。

課題「学習の手引き」

スプレッドシートの例

出席番号	ルロイ修道士の人物像	そう考えた根拠となる描写
3	子供思いな人	・たいていは裏の畑や鶏舎にいて、子供たちの食料を作ることに精を出していた。 ・戦勝国の白人であるのにもかかわらず敗戦国の子供たちのために、泥だらけになって野菜を作り鶏を育てている。
6	仕事熱心な人	戦勝国の白人であるのにもかかわらず敗戦国の子供たちのために、泥だらけになって野菜を作り鶏を育てている。
7	人にやさしく、責任感のある人	戦勝国の白人であるのにもかかわらず敗戦国の子供たちのために、泥だらけになって野菜を作り鶏を育てている。
8	自分に厳しく、周りにやさしい人	自分の体調が悪くなっても、この世のいとまごいに、かつての孤児を訪ねて歩いている。
10	誰に対しても公平な人	「総理大臣のようなことを言ってはいけませんよ。だいたい、日本人を代表してものを言ったりするのは傲慢です。…」

○ルロイ修道士とはどのような人物だと思いますか。人物像を自分の言葉で考えて書いてみましょう。また、なぜそのような人物だと思ったのか。その根拠を、言動が書かれた描写をもとに書いてみましょう。（左は人物像の例）

・寛大な人→泥だらけになっても子供のために野菜を作ったり、鶏を育てているから。

・前向きな人→死ぬことを恐れず、残りの時間を楽しもうとしているから。

描写をもとに考えた人物像を、プリントに書いていく。また根拠を書くときは、言動を表す描写を挙げて書くようにする。

○それぞれが考えた人物像を、グループで共有しましょう。

各自が書いたプリントを回して、他者がどのような人物像と捉えているか確認する。納得したり共感したりする考えがあったら、自分のプリントに加筆させる。

まとめ

○グループでの話し合いも参考にして、それぞれが考えたルロイ修道士の人物像を、スプレッドシートに書き込んで共有しましょう。

本時のまとめとしてスプレッドシートに意見を書き込む。スプレッドシートに書き込む前にグループ活動を取り入れることで、より考えを深めて書けるようにする。

まとめでは、前時でも活用したスプレッドシートで共有することで、グループ活動よりも広く、クラス全体で共有させる。その場で書き込みながら、周囲の意見も生徒自身で自由に確認することができるため、考えをより深められ、加筆や訂正もしやすい。教員もその場で確認でき、手立てが必要な生徒への声かけを効率よく行える。また記録として残せるため、教員がいつでも評価として活用できるという利点もある。

課題「学習の手引き」

3　読み深めた感想を交流しよう。

【問い】
ルロイ修道士の生き方・考え方から考えたこと、感じたこと、学んだことは何だろう。

①ルロイ修道士の生き方・考え方と自分の生き方・考え方
・自分の生き方・考え方→本単元の第一次を確認する。
・共通点と相違点をそれぞれ考える。

②ルロイ修道士の生き方・考え方に対して自分が考えたこと・感じたこと・学んだこと

〈書き出しの例〉
・ルロイ修道士の「　　　」という生き方に対し、〈　　　〉と思った。
わたしならば〈　　　〉
・ルロイ修道士の「　　　」という言葉に〈　　　〉と思った。

考えの形成、共有

授業の実際　第四時

目標……ルロイ修道士の生き方に対する自分の考えをまとめる。

導入　前回学習した、ルロイ修道士の人物像について確認する。

○人物像はどの描写をもとに読み取りましたか。

前時のスプレッドシートを使って復習する。人物像を振り返りながら、ルロイ修道士の言動に触れ、活動につなげる。

展開

○ルロイ修道士の生き方や考え方を、今の自分と比べてみましょう。似ているところや異なるところはありますか。プリントに書き込みましょう。

プリントには、書き出しの例を書いておく。例を書き込んでおくことで、自分の言葉でまとめられない生徒への手立てとできる。またルロイ修道士の生き方や考え方が分かる文を根拠として挙げながら書けるようにする。

（例）
・「天国があると考える方が楽しいでしょう」といった前向きなところは似ている。
・監督官に代表となって申し入れるような勇敢さは自分にはないと思う。

○プリントに書いた意見をＪａｍｂｏａｒｄに書き込んで、共有しましょう。

似ているところ→ピンクの付箋　異なるところ→水色の付箋

Ｊａｍｂｏａｒｄの画面は、ディスプレイを使って画面共有する。似ているところや異なるところとして挙げられた意見を紹介、共有する。

ICT活用の例

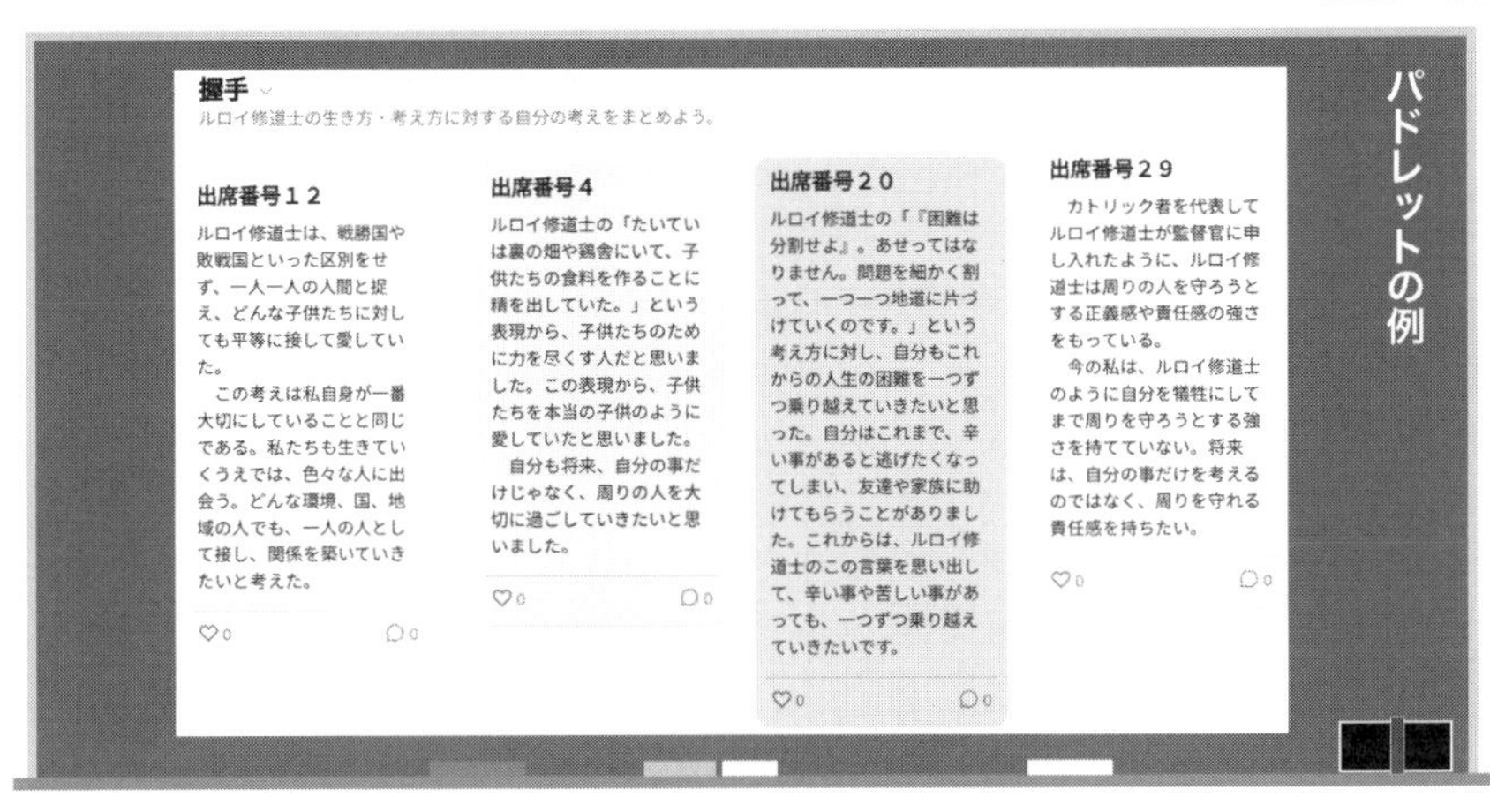

○この単元のはじめに皆さんの生き方に対する考えを聞きました。ルロイ修道士の生き方や考え方に対し、あなたが考えたことや感じたこと、学んだことは何ですか。

まとめ

○プリントに書いた意見をパドレットに書き込み、他の人の共感・納得できる意見には「いいねボタン」を押し、意見や伝えたいことがあればコメントし合いましょう。

パドレットはスプレッドシート同様、その場で生徒同士が考えを共有できる。今回スプレッドシートではなくパドレットを使用したのは、前時の活動で書き込んだ人物像よりも長い文章を書き込むため、パドレットの方が読みやすく、共有しやすいためだ。またパドレットには相互評価できる機能や、コメント機能もあるため、互いの考えを読み合い、共感したり意見ができる。

パドレットはその他、画像としてそのページを保存したりPDF化して保存できるので、その後の評価にも使用することができる。

振り返り

○「握手」の展開には、どのような特徴がありましたか。
・現在の場面の中に、回想場面が織り込まれている。
・ルロイ修道士との会話や見聞をきっかけに過去を回想している。
○このような展開には、どのような効果がありますか。
・回想することで、現在のルロイ修道士との違いを感じさせる効果がある。
・ルロイ修道士との思い出が、今なお「わたし」にとって大切なものだと実感させる効果がある。

「読みの三層」ルーブリック

	教材の課題	A　十分達成している	B　おおむね達成している	C　達成していない
構造と内容の把握	作品の設定を捉えよう。	現在の場面から過去の回想へと移る特徴を捉え、その展開がもたらす効果を考えらえれている。	現在の場面から過去の回想へと移る特徴を捉えられている。	現在の場面と過去の回想場面との違いは捉えられている。
	・個人でノートに考えを書き、スプレッドシートに書き込み、共有する。	現在の場面での会話や、ルロイ修道士の様子を見たことをきっかけに、過去を回想している。 会話やルロイ修道士の様子と過去の回想を繰り返すことで、ルロイ修道士の様子の変化に気付く「わたし」を描いている。	ルロイ修道士との会話や、ルロイ修道士の行動を「わたし」を目にしたことをきっかけに、過去を回想している。	補助発問・ヒント ○どのような時に回想へと入っているか考えよう。等
精査・解釈	登場人物の人物像や心情を読み取ろう。	自分の知識や経験と比較しながら、場面全体、人物同士の関係を踏まえて、人物の心情について自分の言葉で考え、まとめられている。	場面全体、人物同士の関係を踏まえて、人物の心情について考えられている。	場面を読み取って、人物の心情を考えられていない。
	・スプレッドシートに書き込みをする。	「わたし」たちに優しかったように、自分の体も大切にしてほしかったというルロイ修道士に対する思いと、お世話になったルロイ修道士に、なぜ何もしてあげられなかったのかという「わたし」自身に対するやるせなさ。	・悪い腫瘍の巣になっていたことを教えてくれなかったことに対して、「どうして？」という気持ち。 ・ルロイ修道士に対して何もできなかったことに「ダメ」だ思う気持ち。	補助発問・ヒント ○「『そのこと』を聞いたとき」とは、何を聞いたときか。 ○「わたし」と同じ状況になった時、自分はどうすると思うか想像しよう。 等
考えの形成、共有	読み深めた感想を交流しよう。	人物の生き方・考え方を捉え、自分の考えと照らし合わせて納得・共感したり、批判したりしている。	人物の生き方・考え方を捉え、自分の考えと比べている。	人物の生き方・考え方を自分の言葉でまとめられていない。
	・個人で考えをプリントに書き、パドレットに書き込み、共有する。	・ルロイ修道士は、どんな子供たちに対しても平等に接し、愛していた。この考えは私が目標とする考えと同じである。私は、自分の周りには差別や区別があると感じている。どんな環境でどんな背景をもっていようとも、その人を一人の人として接していきたい。	「困難は分割せよ。」と考えているが、自分はこれまで困難なことがあると逃げてしまっていた。	補助発問・ヒント ○ルロイ修道士のの行動や言動について書かれていた描写を確認しよう。 ○次の「　」に言葉をうめて考えてみよう。 ・ルロイ修道士の「　　」という生き方に対し、〈　　　〉と思った。わたしならば〈　　　〉 ・ルロイ修道士の「　　」という言葉に〈　　　〉と思った。 等

ルーブリックと学習活動

人物の心情を捉える活動において「C　達成していない」に当てはまる生徒は、場面から読み取れていないことがある。例えば、握手を差し出した時の心情では、どのような流れでその握手が差し出されたのか場面を読み取って考える必要がある。その描写だけでなく、場面全体から考えられるよう助言すると良い。

人物像を読み取る際は、自分の言葉でまとめられない生徒への手立てとして、穴埋め式のプリントを用意したり、スプレッドシートを活用して、自分の考えをまとめさせる等がある。

◇自分の考え方や生き方とはどのようなものか書いてみよう。

例：一度決めたやり方は変えたくない頑固な生き方。
何か問題や壁に当たってもどうにかなるという楽観的な考え方。

（　　　　）

◇ルロイ修道士とはどんな人物か。

①ルロイ修道士という人物について書かれた表現

（　　　　）

②ルロイ修道士という人物について

（　　　　）

◇ルロイ修道士の考え方・生き方について自分の考えをまとめよう。

①ルロイ修道士の考え方・生き方が分かる表現

（　　　　）

②ルロイ修道士の考え方・生き方に対する自分の考え

〈書き出しの例〉

・ルロイ修道士の「　　　　」という生き方に対し、

〈　　　　**〉と思った。**

わたしならば〈　　　　〉

・ルロイ修道士の「　　　　」という言葉に

〈　　　　**〉と思った。**

↑
70～71ページ
のデータの
ダウンロード用
QRコード

授業活用のポイント

本単元で活用するプリントは一枚にまとめている。一枚にまとめることで、単元導入時に確認した自分の考え方や生き方と、まとめであるルロイ修道士の考え方や生き方とを比べられる。

自分の言葉でまとめられない生徒には、書き出しの例を使って言葉を直接埋めさせることで、パドレットへの書き込みがスムーズに行えるようになる。

故郷

作品の語り方や表現の仕方を批判的に読み、評価する
―私が語る『私』・『閏土』・『故郷』とは―

中村 麻里那

中国近代文学をリードした小説家・思想家である魯迅。彼が遺した作品「故郷」は、二十年ぶりに帰郷した「私」が、少年時代に同じ時間を過ごした友人「閏土」と再会する出来事などを通して、「故郷」のもつ意味や希望の在り方について考えさせられる作品である。この作品の特徴は様々あるが、今回は「作品の語り方」と「表現の仕方」に着目しながら、作品を批判的に読み、評価する授業例を紹介する。

まず「作品の語り方」に着目すると、この作品は「私」の一人称視点で語られている。語り手である「私」が見た世界や他者が描かれていることを踏まえた上で、「語っている私」と「語られている私」が異なること、過去と現在とが鮮やかに対比されていることに言及していく。それらを効果的に学習するために、単元の授業の導入時にはあえて過去(少年時代の回想)の部分のみを先に学習者に提示する授業方法を提案する(下記「単元目標達成の授業導入ポイント」参照)。

単元目標達成の授業導入ポイント

「私」が作品の中で、少年時代の閏土を「小英雄」と表現していることに着目する。単元の導入として、「英雄ってどんな人?」と投げかけ、学習者のもつ英雄のイメージを掘り起こす。ナポレオンなどの固有名詞が出てきたり、誰かを救った、国を統一した、などの抽象的な概念が出てきたりすると考えられる。その上で過去の回想部分を読むと、閏土は既出の英雄像とは少し異なっていることに気づくだろう。そこで、「私にとって閏土はなぜ『英雄』なのか」と問い、少年の「私」から見た閏土の人物像にせまりたい。学習者同士の対話や全体共有を経ることで、少年時代の「私」にとって閏土は、自分の世界を広げてくれる存在であり、憧れの対象だったことに気づかせる。単元の学習を進めていく中で、閏土の存在が「私」の中で変化していくことを際立たせる手立てとしたい。

板書例（第一時）

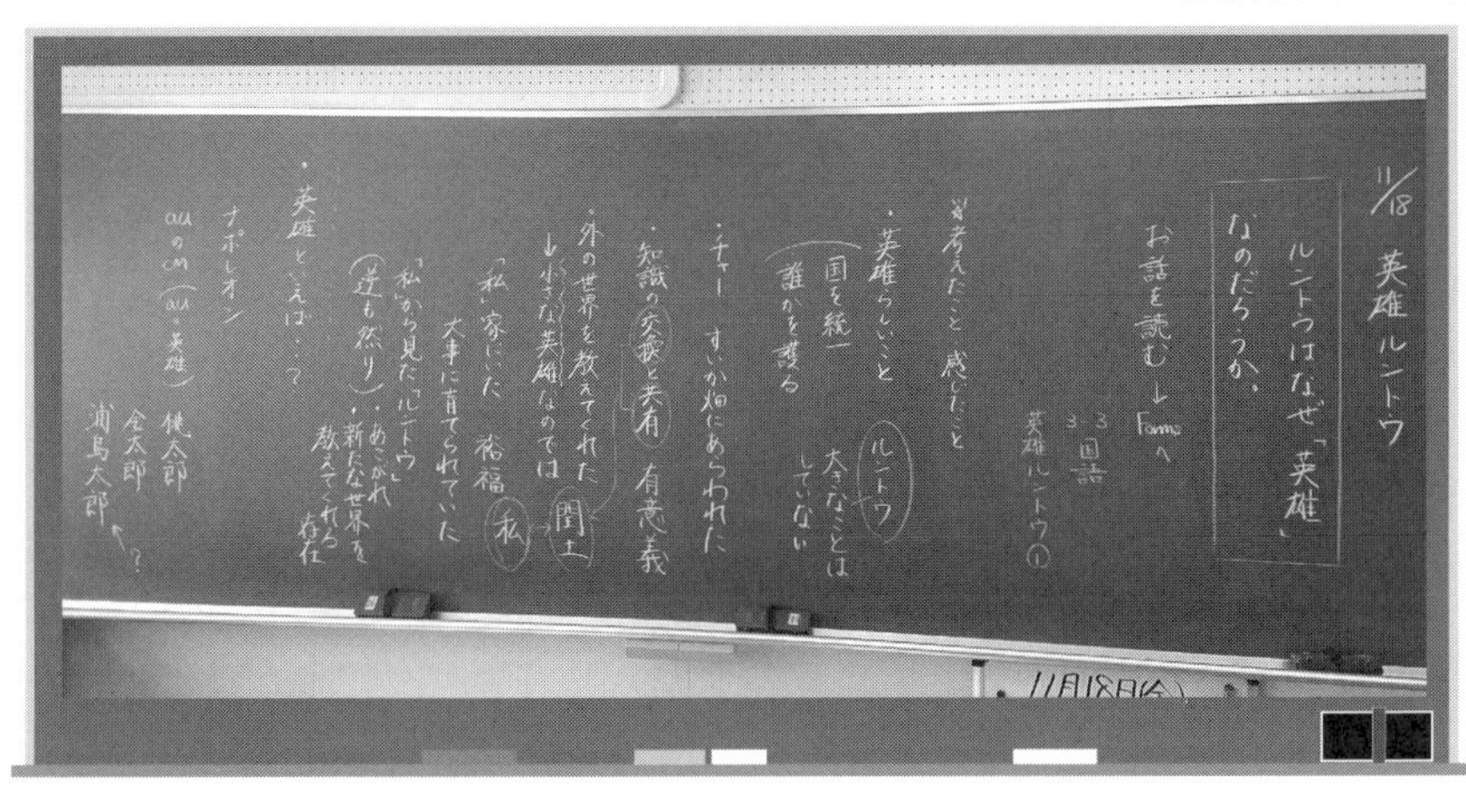

次に「表現の仕方」では、作品の中で使用されている言葉や表現を丁寧に捉えていく。例えば、「閏土」から「私」への呼び方が、「おまえ」（少年時代）から「旦那様！」（再会時）に変化すること、「神秘の宝庫」と「デクノボー」が対になる表現として使用されていることなどである。また、作品の中の言葉や表現を、過去と現在の視点で比較することはもちろん、「私」にとって「閏土」や「故郷」はどんな存在かについて考える際にも根拠としていく。そうすることで、言葉や表現を吟味したり、検討したりしながら作品を批判的に読むことにつながる。さらに、様々な表現の仕方が内容を印象づける上でどのような効果を上げているかを判断し、その意味について考えること、すなわち評価することにつなげたい。

単元の指導事項（〔知識・技能〕及び〔思考・判断・表現〕「C　読むこと」の三層）と、それぞれの評価規準は次の通りである（中学校学習指導要領解説国語編を参考に作成）。

〔知識・技能〕：（1）イ語彙　「私」「閏土」「故郷」などを表す言葉や表現に着目し、どのような意味で使われているかを考えるなど、語感を磨き語彙を豊かにしている。

〔思考・判断・表現〕：「C　読むこと」

構造と内容の把握：ア　物語の展開の仕方を捉え、五つの場面ごとに適切な小見出しを付けている。

精査・解釈：イ・ウ　過去と現在の「閏土」や「故郷」の姿を対比し、作品を批判的に読みながら、表現の仕方について評価している。

考えの形成、共有：エ　単元学習全体を踏まえて、作品の中の「私」に対して、自分の意見をもっている。

「課題」学習の手引き

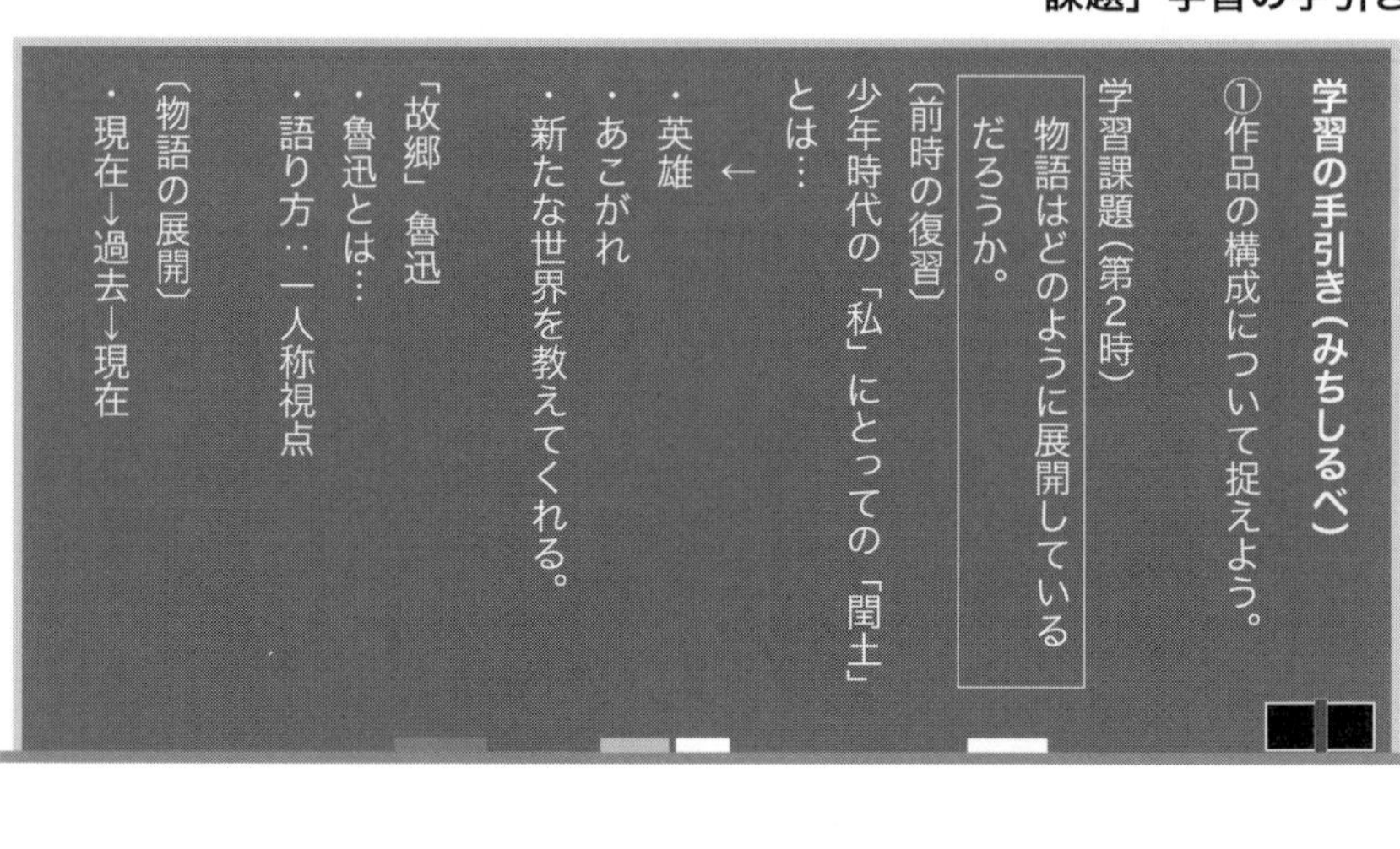

構造と内容の把握

授業の実際　第二時

第一時で作品を読んだのち、第二時では作品の構成を捉えるための学習活動を展開する。

ここでは、「構造と内容の把握」の指導事項「ア　文章の種類を踏まえて、論理の展開や物語の展開の仕方などを捉えること。」を取り扱う。本時の授業の終了時に目指すのは、物語の展開の仕方を捉え、五つの場面ごとに適切な小見出しを付けている、学習者の姿である。そして、本時の授業展開のポイントは、場面分けを行う前までの丁寧な指導である。

まずは、作品の語り方をおさえること。この物語が、「私」の一人称視点で語られていることを、学習者全体で確認する。その際には、「オツベルと象」、「少年の日の思い出」、「走れメロス」などの既習の物語を例に挙げて、想起させると良い。語りや視点の構造を踏まえて読むことで読みが深まり、語っている「私」と語られている「私」が存在することに気づかせたい。

次に、物語の展開、特に時間軸を捉えること。この作品は、「帰郷」、「故郷でのできごと」、「離郷」の三部構成になっており、「故郷でのできごと」の中では現在→過去→現在という流れで物語が展開している。「現在と過去の対比は、次時以降の学習でも鍵となるため、しっかりとおさえたい。

最後に、場面分けを行う観点を全体で共有すること。この作品は「故郷でのできごと」において、現在と過去が行き来する構成になっているため、下記の「つまずきポ

☆途中で過去の回想が入る
過去：少年時代の思い出
（場面分け）
・どう分ける？
時間の経過　場所の移動

☆五つの場面に分けて、
小見出しをつける
・場面1
冒頭～P181L6
・場面2
P181L7～P185L10
・場面3
P185L11～P187L18
・場面4
P188L1～P191L10
・場面5
P191L11～結末
・友達と意見を交流しよう。

イント（生徒の声）」にもあるような難しさを生徒は感じている。そのままで進めてしまうと多様な分け方が表出し、小見出しをつける活動に入るまでに時間がかかってしまう。場面分けの観点を全体で確認する時間を必ず設けてほしい。なるべく多くの生徒が安心して活動に取り組めるよう、授業を進めていきたい。

小見出しをつける学習活動では、物語の展開をおさえた上で、それぞれの場面で使用されている言葉や表現を活用するよう声をかける。さらに、つけた小見出しを学習者同士で交流する場を設けることで、個人で作成するだけでなく、多様な他者の考えに触れる機会としたい。

つまずきポイント（生徒の声）

場面分けや小見出しをつける活動で、悩んだことや難しかったことを生徒に問うと、以下のような回答が見られた。
（授業は令和四年度実施。原文のまま）

・時間で区切った結果と、回想で区切る結果では場面が変わってしまうところで悩んだ。
・初めは登場人物の変化や主人公の心情の変化で構成を分けて考えていましたが、場面の変化や、時系列ごとに構成を分けることで、より場面の移り変わりや変化が分かりやすく理解しやすくなると、友達の意見を聞いて考えました。

⬅

どの観点で場面を分けるか、共通理解が必要。今回は、「時間や場所の変化」という観点で場面分けを行った）。

「課題」学習の手引き

学習の手引き（みちしるべ）

②「私」の記憶の中にある故郷と、現在の故郷の風景の様子を比べよう。

学習課題（第三・四時）

「私」から見た「閏土」は、過去と現在とでどのような違いがあるだろうか。

※ワークシート①使用
（過去：思い出の中の閏土）
（現在：再会した時の閏土）

作品の中で使われている言葉や表現を抜き出し、関係づける。

例
・「閏土」の「私」への呼び方
おまえ→旦那様
（身分の差の実感）

精査・解釈

授業の実際　第三～六時

ここでは、「精査・解釈」の指導事項「イ　文章を批判的に読みながら、文章に表れているものの見方や考え方について考えること。」及び「ウ　文章の構成や論理の展開、表現の仕方について評価すること。」を取り扱う。作品を批判的に読むとは、言葉や表現を吟味したり検討したりしながら読むことであり、表現の仕方について評価するとは、様々な表現の仕方が内容を印象づける上でどのような効果を上げているかを判断し、その意味について考えることである。それらをふまえた上で第三～六時の授業の終了時に目指すのは、過去と現在の「閏土」や「故郷」の姿を対比し、作品を批判的に読みながら、表現の仕方について評価している、学習者の姿である。

この作品を読み深めるためには、「私」にとっての「閏土」はどんな存在か、「私」にとっての「故郷」はどんなものかについて、過去と現在の対比構造をもとに考えていく必要がある。そこで、ワークシート（①・②）を活用し、作品で使用されている言葉や表現を整理する活動を設定する。ワークシート活用のポイントは

過去と現在の「閏土」を対比する例

言葉や表現に着目し、どうしてその言葉が使われているか、その効果などを全体で考えると良い。

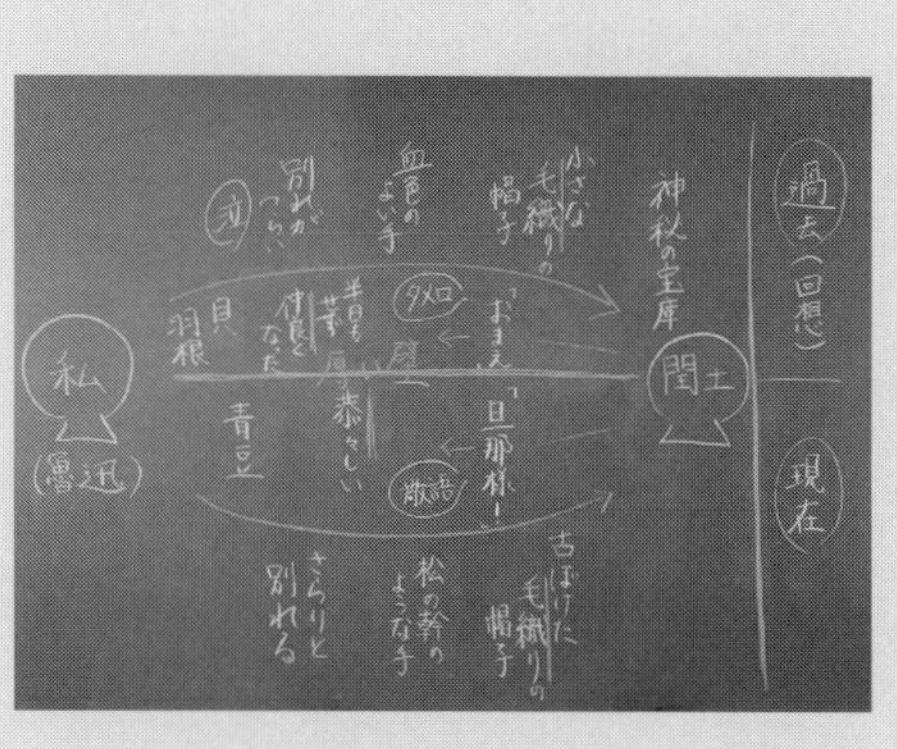

「課題」学習の手引き

・「閏土」を形容する言葉
神秘の宝庫→デクノボー
（イメージの変化）

学習課題（第五・六時）

「私」が語る「閏土」、「故郷」とはどんなものだろうか。

※ワークシート②使用
（「私」と「閏土」の思い）
作品の中で使われている言葉や表現を抜き出し、関係づける。

（「故郷」とは）
・「私」の記憶の中にある故郷
・現在の故郷の風景の様子
←比べると…
「私」の「故郷」に対する思いはどう変化したのか。
☆自分の考えを記述

後述（81ページ）するが、過去と現在に使用されている言葉や表現を対比することで、「閏土」や「故郷」の変化に気づけるようにしたい。

授業の展開例としては、まずは個人で、作品の言葉や表現を抜き出したり関係づけたりした上で、ペアやグループ、そして全体で共有していくとよい。「閏土」の見た目や言動に関する記述に着目することで、年月の経過はもちろん、暮らしや心がまずしくなってしまったこと、身分の差の実感、二人の間を厚い壁が隔てていることなどに気づかせたい。また、「故郷」についても同様に対比することで、「私」の「故郷」に対する思いの変化に迫れるようにする。表現の仕方について評価する際には、例えば「変わり果てた」という表現と、「変わった」や「変わってしまった」との印象の違いについて話し合う、といった活動も効果的である。

なお、この第三～六時の中で、〔知識・技能〕（1）イ語彙 の評価（「私」「閏土」「故郷」などを表す言葉や表現に着目し、どのような意味で使われているかを考えて、語感を磨き語彙を豊かにしている）も行っていく。

過去と現在の「故郷」を対比する例

この学級では、特に「色彩表現」が話題になった。作品中の「鉛色」という表現から、記憶の中の故郷を「色づいた」世界と定義する学習者の姿が見られた。

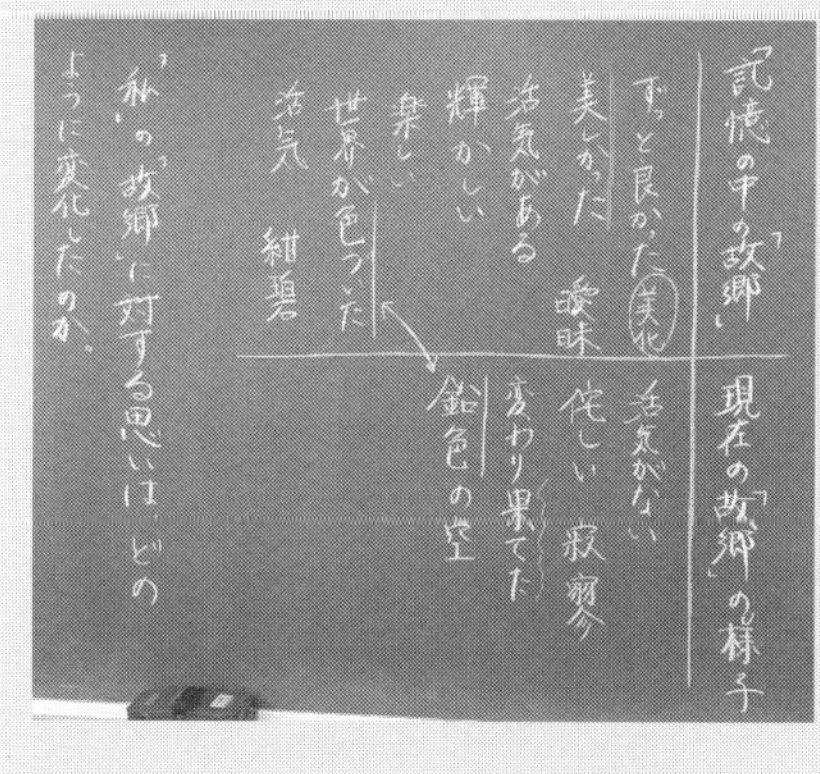

課題「学習の手引き」

学習の手引き(みちしるべ)

③「閏土」とはどんな人物か、また「私」にとって、どのような存在であったのか、捉えよう。

学習課題(第七時)

「私の望むもの」とは何だろうか。

(「私」にとっての「閏土」)
・幼き日の閏土への憧れ
↓偶像崇拝の対象?

彼(閏土)の望むもの
・香炉や燭台(わんや皿)

私の望むもの
・若い世代の新しい生活
・閏土と「一つ心でいたい」

☆「閏土」・「私」について、自分の考えを記述

考えの形成、共有

授業の実際　第七時

「考えの形成」の指導事項「エ　文章を読んで考えを広げたり深めたりして、人間、社会、自然などについて、自分の意見をもつこと。」を取り扱う。授業終了時に目指すのは、単元学習全体を踏まえて、作品の中の「私」に対して自分の意見をもっている、学習者の姿である。

学習者自身が自分の考えを明確にもつためには、これまでの学習過程を通して理解したことや評価したことなどを結び付ける必要がある。そのために、前時までのノートやワークシートの中で参考にする項目について助言したり、「私の望むもの」について考える学習活動を設けたりするとよい。可能であれば、自分の考えをまとめる時間をしっかり取ることに加えて、それぞれの意見を学習者同士で伝え合い、対話する場を設けていく。

他者との対話を通して、自分の考えがより整理されたり、メタ認知できることから、他者と共に学ぶ良さを実感する単元学習の締めくくりとしたい。

「彼(閏土)」と「私」の望むものとは

作品中の言葉「偶像(崇拝)」がどんなことを表しているかについて、学習者がまとめたノートの一部を紹介する。

彼(閏土)の望むもの　…物やお金
・香炉や燭台：飾り物　偶像崇拝
(本当は要らない?　偶像)
・わんや皿：本当に欲しい物
(プライドや誇りが邪魔して言えない?)

私の望むもの　…理想の世の中・希望
・若い世代の新しい生活
(身分が違っても隔絶しない世の中　偶像)
・閏土と「一つ心でいたい」という夢
(昔の関係や友情、心のよりどころ　偶像)

○場面5「あい変わらずの偶像崇拝だな」私は閏土の望むものを見下していた。
↓しかし、自分も結局偶像を求めている。

「読みの三層」ルーブリック

	教材の課題	A　十分達成している	B　おおむね達成している	C　達成していない
構造と内容の把握	作品の構成について捉え、小見出しを付けよう。	物語の展開の仕方を捉え、五つの場面ごとに適切な小見出しを付けている。（作品の中で使われている言葉以外に学習者がもっている語彙を使用して付けていたり、小見出しの表現に工夫が見られたりする）	物語の展開の仕方を捉え、五つの場面ごとに適切な小見出しを付けている。	五つの場面ごとに適切な小見出しを付けられていない。または、全体の言葉の調和が取れていない。用語を間違えている。
	学習者の具体像 ※五場面（ページは教育出版の教科書を参照） ・場面1（冒頭～P181L6） ・場面2（P181L7～P185L10） ・場面3（P185L11～P187L18） ・場面4（P188L1～P191L 10） ・場面5（P191L 11～結末）	例 場面1　故郷への帰還／複雑な帰郷／故郷へ 場面2　閏ちゃんとの思い出／美しい思い出／西瓜畑の畑小英雄 場面3　変わってしまった人／変わり果てた人々／隣人戦争 場面4　変わってほしくなかった人／再会／旧友の今 場面5　旅立ちの日に／さらば故郷／道	例 場面1　帰郷／故郷へ／帰郷 場面2　少年時代の思い出／閏土との思い出／少年閏土との思い出 場面3　人々との再会／楊おばさんとの再会／故郷の人々との再会 場面4　閏土との再会／閏土との再会／大人になった閏土との再会 場面5　故郷との別れ／未来への希望／旅立ち	例 場面1　第一日／故郷への気持ち 場面2　第二日　朝／チャー 場面3　思い出／やんおばさん 場面4　ある寒い日の午後／久しぶりの再会 場面5　旅立ちの日に／また別れ （指導のポイント）日時を表す言葉ではなく、場面全体を象徴する言葉を使うよう助言 （指導のポイント）印象に残った言葉や登場人物ではなく、場面全体を表す言葉を使うよう助言

ルーブリックと学習活動

このルーブリック作成にあたり、実際に授業を実施した（令和四年十一月）。「学習者の具体像」に示しているA～C評価の生徒の姿の多くは、実際の中学三年生の記述内容であり、ぜひ参考にしてほしい。

指導事項の評価については、基本的に目標を達成できていればB評価としている。また、この評価基準については、生徒とも事前に共有をしている。指導と評価の一体化のためには、生徒との共有も必要不可欠であると考えるためだ。

その上でA評価の具体例をいくつか挙げているが、

「読みの三層」ルーブリック

	教材の課題	A　十分達成している	B　おおむね達成している	C　達成していない
精査・解釈	「私」の記憶の中にある故郷と、現在の故郷の風景の様子を比べよう。	過去と現在の「閏土」や「故郷」の姿を対比し、作品を批判的に読みながら、表現の仕方について評価している。(「閏土」や「故郷」の姿を比べ、どのように変化しているかが具体的に書かれている)	過去と現在の「閏土」や「故郷」の姿を対比し、作品を批判的に読みながら、表現の仕方について評価している。	過去と現在の「閏土」や「故郷」の姿を対比し、作品を批判的に読みながら、表現の仕方について評価している。
	学習者の具体像 ※作品を批判的に読む…言葉や表現を吟味したり検討したりしながら読む ※表現の仕方について評価する…様々な表現の仕方が内容を印象付ける上でどのような効果を上げているかを判断し、その意味について考える	例 ・「記憶の中の故郷」は、閏土との美しい思い出や、友達だった頃の閏土。祭りを楽しみにして過ごしていた自分。「現在の故郷」は、他人のものになってしまい、街の人の様子もずいぶん変わり、友達でも無くなってしまった閏土がいる故郷。昔の故郷は自分がここにきた時よりずっと美しい思い出で溢れていると思っていたが、今は昔と随分変わってしまったと思っている。しかし自分達の子供がまた自分達と似たような状況になって、そこで自分たちの希望を持って生きてほしいと感じるようになった。 ・子供の頃、自分の知らないことを教えてくれる閏土との思い出なども詰まった特別な場所で、私にとってかけがえのない美しい場所だったのが、記憶の中の故郷。故郷が近づくにつれ、村人のわびしい様子や昔とは比べ物にならないような活気のなさが、荒れ果てた様子を連想させている。しかしそれを認めたくない思いから、「ただ自分が変わっただけ」と自分に言い聞かせている。さらに、幼い頃遊んでいた閏土との再会から、二人の間には越えられない身分の壁があることを思い知らされ、自分だけ取り残されたような孤独感を感じ、故郷に対する思いが失望感に変わってしまった。	例 ・「記憶の中の故郷」は、活気がある、明るく美しい故郷。「現在の故郷」は、活気がなく、重い雰囲気。「わびしい」という言葉を使っていることからも、そう考えられる。私は兄弟のような関係でもあった閏土との出会いの土地でもある故郷を美化していたが、別れなければならない故郷への切なさやがっかりしたような気持ちが表れていると思った。	例 ・「記憶の中の故郷」は、今よりもずっと良い、美しい故郷。「現在の故郷」は、わびしい村々がいささかの活気もなく、あちこちに横たわっている。 (指導のポイント) 「現在の故郷」が、作品の表現をぬき出したままになっているため、その表現がどんなことを表しているかについても考えるよう促す。また、「閏土」についても合わせて考えるよう助言する。 ・廃れてしまった故郷を見て寂寥の感を抱いていたが、もともとの故郷もこんなものだったのだと思うことでその思いをかき消そうとした。 (指導のポイント) そう考えた根拠となる言葉や表現などを合わせて書くように助言する。
考えの形成、共有	「閏土」はどんな人物か、また「私」にとってどのような存在であったのか、捉えよう。	単元学習全体を踏まえたり、自分の知識や経験と結び付けたりしながら、作品の中の「私」に対して、自分の意見をもっている。	単元学習全体を踏まえて、作品の中の「私」に対して、自分の意見をもっている。	作品の中の「私」に対して、単元学習全体を踏まえて自分の意見をもつことができていない。
	学習者の具体像	例 ・回想の中の閏土は本当に輝いており、憧れの存在として描かれているが、現在の閏土は、年月がたち生活の苦しさや無表情で意欲のない様子に変化している。そして、対等な友人関係であったはずの二人は敬語を使わなければならない関係に変わってしまったことに、私(魯迅)はやるせなさを感じたり、希望を失ったのではないかと思った。私はこの話を読んで、今私の周りにある友情はいつまでも変わらないものであってほしいと思った。身分や社会の格差のない社会を実現していくにはどうしたら良いのかと考えさせられた。 ※下線は中村による。学習者自身のことを指す。	例 ・私にとって、閏土は知らない世界をたくさん知っている憧れのような存在だったが、さまざまな不幸が彼を襲ったことで、「デクノボー」のような人間になってしまい、過去の閏土と現在の閏土は全く違う人間のようになってしまった。時が経つと、厚い壁を感じる関係になってしまい、私は深い悲しみを覚えていると考えた。 ・昔の閏土、自分の英雄だったり、新しい世界を見せてくれる、神秘の宝庫であったが、現在は、2人の間に厚い壁ができてしまっている。私自身は、敬語を使わずに、近い距離で接しているが、閏土は、遠い存在として接しているため、私も、閏土が閏土自身ではないような気がしてしまっていると思う。	例 ・「閏土」は「私」にとって、いろいろなことを知っており、自分の知らない外の世界を教えてくれる「英雄」だった。 (指導のポイント) 過去の閏土に対する記述のため、単元学習全体を通しての意見としては不十分。現在の閏土に対する私の思いについても考えるよう促す。 ・私は、私の望むものが手に入らないと分かり、たまらなく悲しい気持ちを抱えて故郷をあとにしている。 場面5の内容が主であるため、「どうして私の望むものが手に入らないと分かったのか」などと問うことで、そう考えた根拠を述べたり、他の場面と関係付けて記述したりできるようにする。

Aの姿は多様であり、一概には定められない。だからこそ授業では、Aの姿をグッドモデルとして積極的に紹介することを心掛けている。

また、C評価の生徒については、なるべく授業内での机間指導の際に個別指導を行っている。どんなところで悩んでいるのか、難しいかを直接聞いた上でアドバイスするなど、Bの姿に到達できるような手立てを講じている。その他にも、グループ活動を取り入れ、多様な考えに触れた上で自分の考えをもつ時間を設けるなど、評価のタイミングに合わせて授業展開を工夫すると良い。

授業で使える！ ワークシート

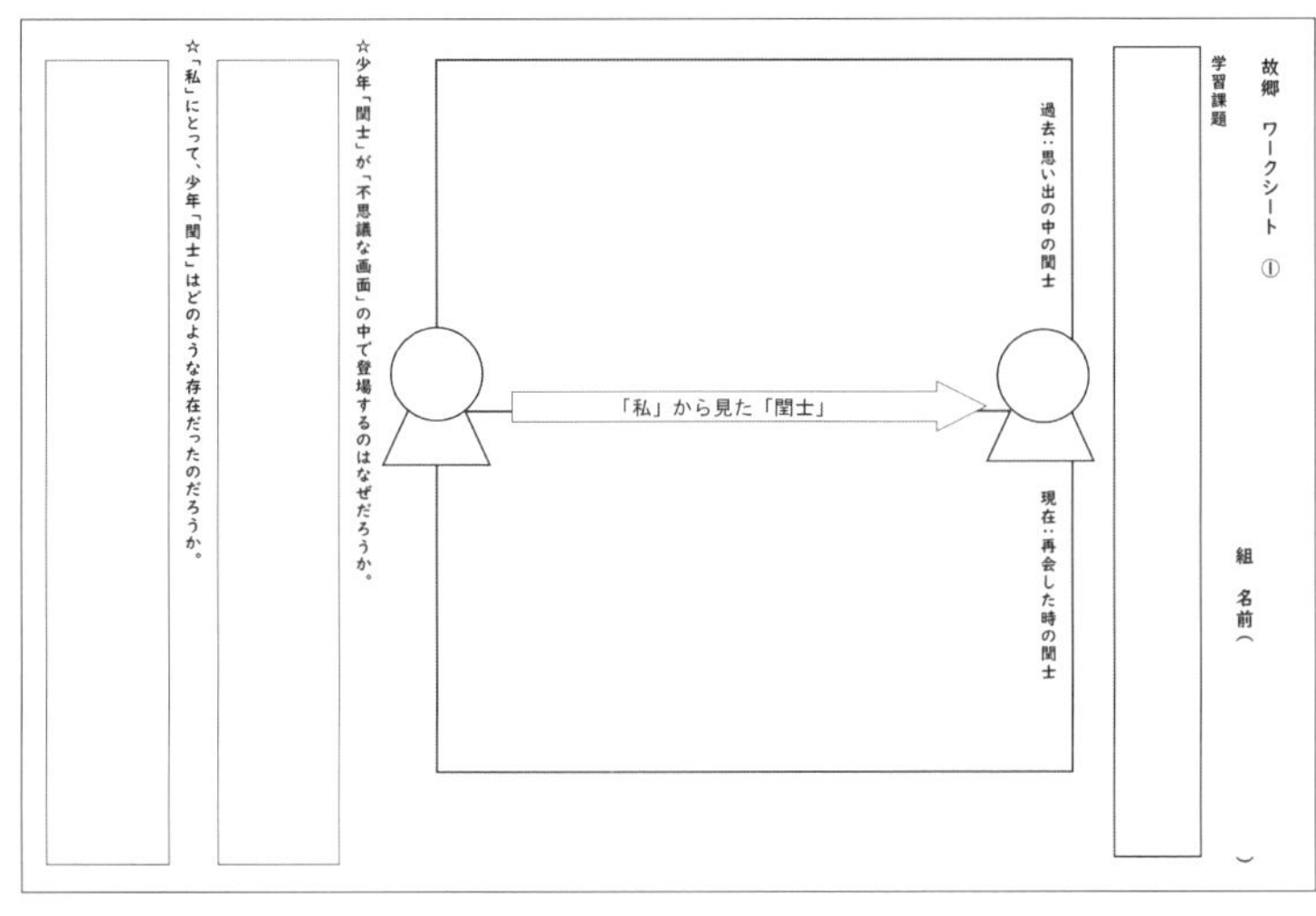

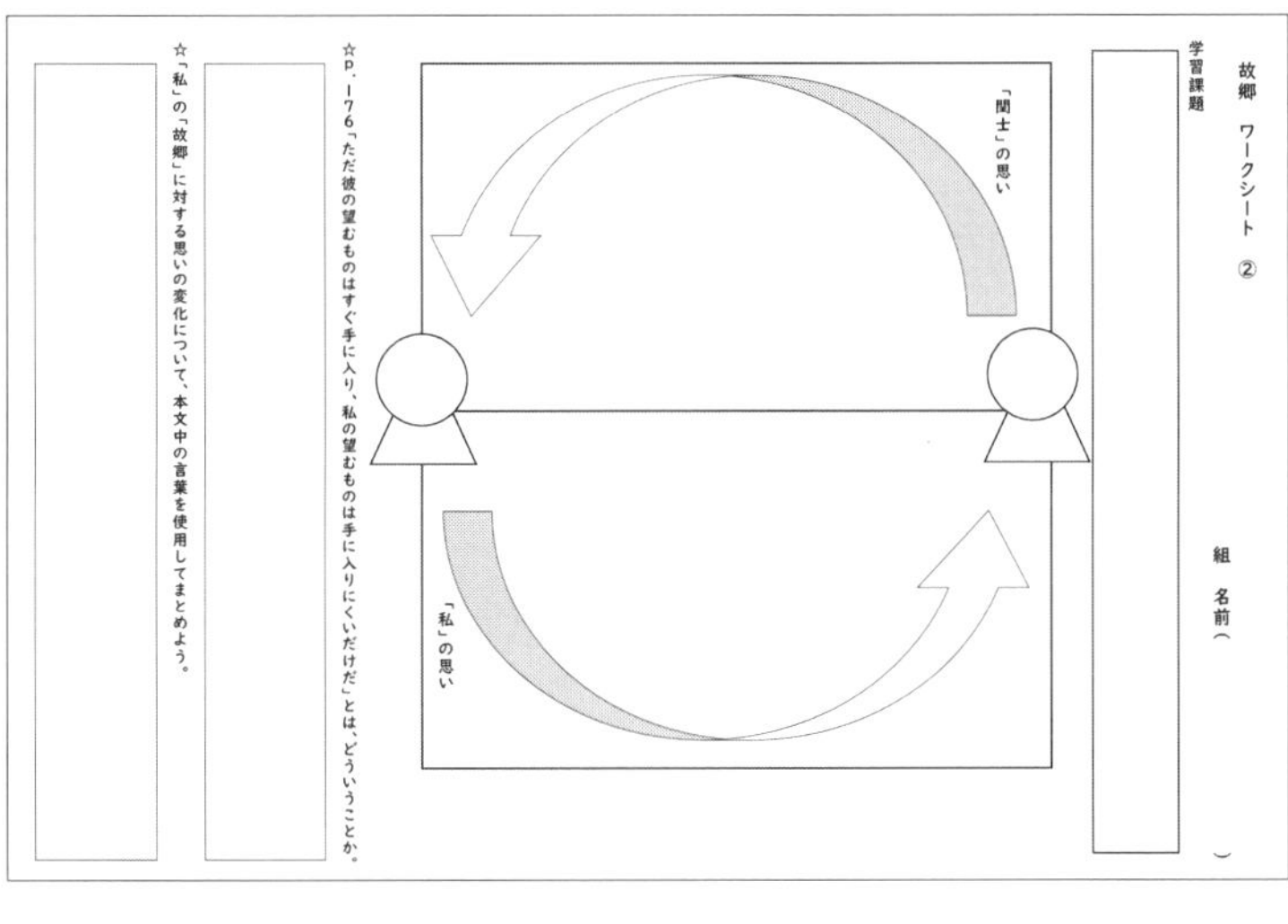

授業活用のポイント

二枚とも、「私」と「閏土」の対比構造をベースとした。

ワークシート①では、真ん中の枠内に作品で使用されている言葉や表現を抜き出すだけでなく、言葉や表現を矢印や囲みなどで関係づけるよう助言している。

ワークシート②では、作品の語り方をふまえ、描写を根拠としながら作品の中の「私」に対して、自分の意見がもてるようにしたい。

79～81ページのデータのダウンロード用QRコード

森には魔法つかいがいる

語句の辞書的な意味と文脈の意味を整理して構造を読む

矢崎 寛子

本教材は題名から生徒の興味を引く。題名を踏まえた「魔法つかいとは何か」という問いとその答えを見つけやすく、最後まで興味を持って読み進められる。論理の展開は、四つの体験からそれぞれ問い、気づき、答え、まとめという時系列に書かれている。論理の展開を支える言葉は専門用語を織り交ぜて説明しているが、語りかける表現や複数の図や写真、鉄のはたらきについて人間を例にして説明を加えたりすることで、理解しやすくしている。また、資料として図や写真を文章と照らし合わせて読むことを通して、多様なテキストの分析や解釈する力を高めることも期待できる。そして、身近な自然保護に関する話題なので、自分の考えの形成、表現がしやすい内容でもある。

「魔法つかいとは何か」という問いが三十年後、「やはり、森には魔法つかいがいたのです。」と実感を伴う独白で終わる、序論と結論の呼応が際立つ構成である。

単元目標達成の授業導入ポイント

・問いとその答えを見つけていく展開を捉えて読む。（構造と内容の把握）
・必要な情報に着目して、調べたり考えたりする。（精査・解釈）
・筆者の考えや述べ方を踏まえ、根拠を明確にしながら自分の表現で筆者の考えをまとめる。（考えの形成、共有）

既習事項として、説明文「自分の脳を知っていますか」で学んだ構成（問題提起をする序論、具体例や根拠を示す本論、筆者の主張が述べられる結論）を確認する。

題名の面白さに触れつつ、魔法使いの正体は何か予想させた上で読む。題名とも関連付けながら、筆者が最も問いたいこと、考えたいことは何かを捉えるよう促す。

専門的な内容や難しい語句に関しては線を引き、脚注で確認するだけでなく、写真や図と照らし合わせて読む。

課題「学習の手引き」

1　筆者は、どのような取り組みや研究をとおして問いの答えを見つけていったのだろう。筆者がたどった問題解決の道筋を整理しよう。

問い　（序論）⑦段落
森にいる、魔法つかいとは何か。

取り組みや研究
一（本論）⑫～⑮段落
・気仙沼湾に注ぐ大川の河口から上流に向かって歩く
↓荒れた山・生き物が姿を消した農地
二（本論）⑯段落
・大川上流の室根山に、落葉広葉樹を植える運動
三（本論）⑰～㉖段落
・北海道大学の松永克彦先生との話を聞く

構造と内容の把握

授業の実際　第二時

目標……問いと答えを見つけていく展開を捉えて読んでいく。

導入　課題の確認、前時を振り返る。

○問い（答え）は何ですか。序論、本論、結論の、何段落のどこに書かれていましたか。

・序論の⑦段落、森にいる魔法つかいの正体は何か。↓本論の㉗段落、魔法つかいの正体は、「フルボ酸鉄」なのだ。

序論と本論で問いと答えが完結している、では結論は何を伝えたいのか振る。生徒が興味を持続して読めるよう促す。

展開1

○筆者はどのような取り組みや研究を通して問いの答えを見つけていったのか、問題解決の道筋を図に整理しましょう。

文図にまとめる。

筆者の体験と、そこから分かった事実を分けて書く。序論を全体で確認した後、三つの枠を個人で考え、全体で確認する。

○筆者はどのような体験を経て問いを　をもったのか、序論をまとめましょう。

・六十年以上前。今井先生、腐葉土の働きで、植

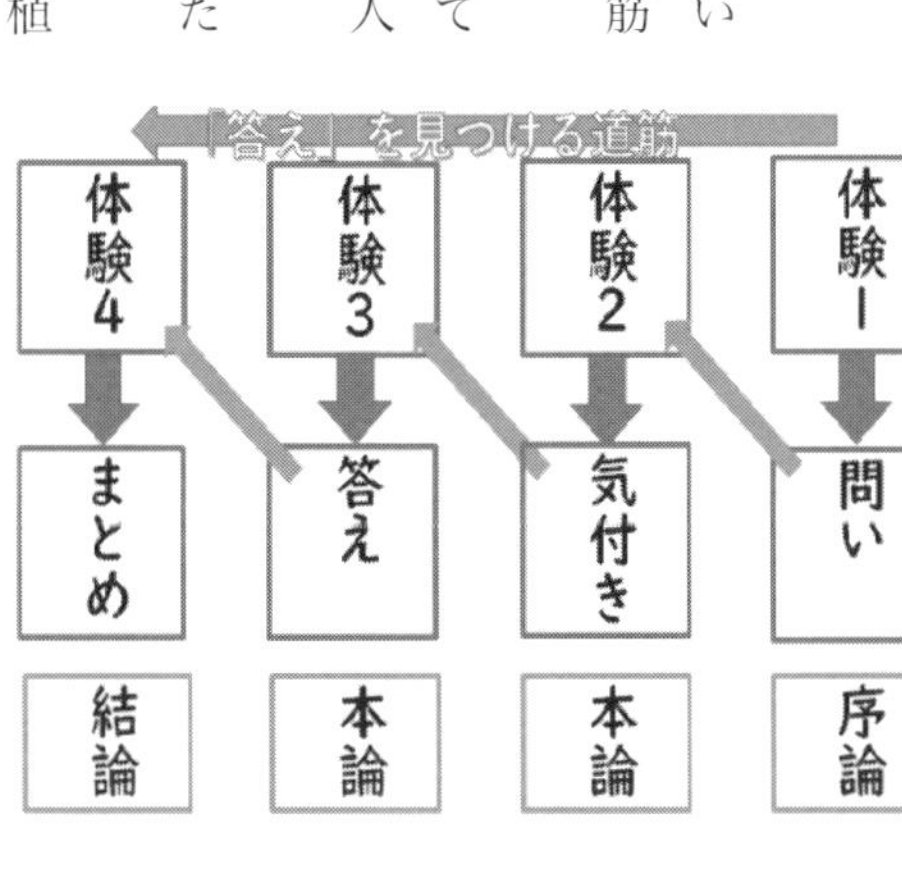

課題「学習の手引き」

答え（本論）㉗段落
魔法つかいの正体は、「フルボ酸鉄」だった。
取り組みや研究
（結論）㉘～㉚段落
・漁師による森づくり活動を続けている
・田中克先生の環境調査
→カキが食べきれないほど植物プランクトンがいるのは、長年、森と川の環境を整えてきた成果
（課題に対する答え）
・筆者は実地観察や教授との会話など複数の体験をとおして、答えを見つけた。
・問題解決の道筋についてはワークシートにまとめる。
（あるいは、生徒各自が文図をまとめる）。

物プランクトンが増えた。

展開2

○それぞれの図や写真は文章の何と結びついているのか、どんな効果があるかを話し合いましょう。
資料の有無で文章のどの点がわかりやすいか、印象が変わるか問いかける。
・写真は、三種の植物プランクトンの違いや赤潮による海の汚染がすぐにわかる。
・図は、腐葉土からフルボ酸鉄になるまでがイメージしやすい。特にフルボ酸が鉄を抱っこする絵柄は読者にとって親しみやすい。
・二枚の写真やそのタイトルから、「森と川と海は一つなのだ」という価値観を多くの人が共有し、三十年間整備してきたことが伝わる。

まとめ

○問題解決の道筋を筆者はどのように工夫して説明していたか、自分の言葉で書きましょう。
・四つの体験から得た問い、気づき、答え、まとめと、時系列で順序立てて説明した。文章に合う図や写真を添えたり話し言葉を入れて説明した。

「体験」という言葉でつまずく指示を細分化し、全体で考える

既習事項の教科書「学びナビ」のキーワードを参考にする。「いつ、誰に会い、何を見たりしたりした、その結果、何に気づいたのか」と整理するとよい。
文図に整理する際、最初にやり方を全体で確認する。序論まで音読し、そこまでまず個人で枠に書かせ、全体で答えを確認する。この段階で序論の地図の意味を話し合わせない。単純に筆者のいる地名を指しているだけしか読み取らないからだ。展開一を終えたあと、全体で「この地図には地名以外に何が描かれているか」を問う。筆者が唱えた「森と川と海は一つなのだ」を一目で分かる効果に気づかせてから、他三つを考えさせる。

課題「学習の手引き」

2 「プランクトンの培養」や「赤潮」「フルボ酸」など、内容を理解するために重要な語句を取り出し、本文中の図や写真、国語辞典などで調べたことを使って説明しよう。

（答えの形式）
①用語
②辞書の意味
③本文で使われている意味
④引用文献（必要に応じて）
⑤使われ方・この語句を文中で使う効果

（解答例）
①汽水域
②汽水……河口の水や海岸の近くにある湖のように、海水と淡水とが混じり合い、塩分の少ない水。
域……ア 範囲。程度。段階。
イ 境地。

精査・解釈

授業の実際 第三時

目標……必要な情報に着目して、調べたり考えたりしながら読む。

導入

Ｇｏｏｇｌｅスプレッドシートを共有して活動する。

○序論の「森には魔法つかいがいる」の魔法と、結論の「森には魔法つかいがいる」の魔法の意味の違いを考えましょう。

1 用語 魔法
2 意味 あやしく不思議なことを行う術。人間の力ではなしえない不思議なことを行う術。
3 序論：あやしく不思議なこと 結論：人間の力ではなしえない。
4 引用文献 省略 5 使われ方・この言葉を文中で使う効果

序論では腐葉土でプランクトンが増えた理由を説明できない自然の不思議な現象を伝え、結論では震災でも森は壊れなかったという自然の偉大さを印象づける。

序論と結論では何が「魔法」と呼ばれる現象か、「魔法」はどちらの意味で本文に使われているかを考え、Ｇｏｏｇｌｅスプレッドシートに入力する。言葉が文脈によって意味が異なることを理解できる。

課題「学習の手引き」

③河口の、海水と淡水とが混じり合っている場所、川から海へとつながっている場所。
④学研現代国語辞典改訂第六版　金田一春彦・金田一秀穂編　学研プラス
⑤「川が海に流れ込む汽水域、つまり河口」（八段落）「カキの養殖場は、日本、いえ、世界中どこでも汽水域、つまり河口」（九段落）と二回本文では書かれている。そこから、河口の前振りとして「汽水域」と書いたのは、「海水と淡水が混じり合う」、つまり、カキを養殖する上で「海と川がつながっている」印象づける。そうすることで、⑮「森と川と海は一つなのだ」の伏線につながっている。

展開

○内容を理解するために重要な語句を取り出し、本文の資料や辞典などで調べたことを使って説明しよう。

（調べさせる単語の例）

・培養・腐葉土・汽水域・間伐
・赤潮・農薬・フルボ酸

・複数の国語辞書や百科事典などを活用して調べる場を設定して行う。
・語句の前後の文に注目し、内容のどの部分にかかわって理解を深めさせているか、関連付けて読むよう促す。
・効果を考えさせる上でヒントを出す。選んだ同じ用語で集まって効果について話し合う。用語ごとにGoogleスプレッドシートに入力する。

（ヒント例）AではなくBと言葉を選ぶことでの効果や印象を考える。

・間伐……「間伐されない…泥水が流れてくる」からわかることは何か。
・腐葉土……雑木林の土と言わずに「腐葉土」というのはなぜか。

まとめ

○辞書的な意味と文中の意味を考えることで何がわかりましたか。文脈によって言葉に特別な意味や効果をもたせられることがわかった。

Googleスプレッドシートでリアルタイムに考えを共有する

第三時は語句を辞書的な意味を元に、文中の意味を前後の文脈と関連づけて考えることを通して、根拠を明確にして考え内容理解を深める活動だ。意見を集約する際、Googleスプレッドシートを活用する。用語ごとに、シートを分けて作成する。同時に入力するので、つまづいている生徒は他の生徒の意見をリアルタイムで参考にすることができる。また、つまづいている生徒をすぐにみとることができ個別指導がしやすい。全体発表の際、電子黒板、クラスルームで画面共有しながら発表を聞くことができる。第五時でも使える。

課題「学習の手引き」

3 「森と川と海は一つなのだ。」という筆者の考えを踏まえて、根拠を明確にしながら「森と川と海はなのだ」のような表現を用いて自分の考えを書き、考え方や表現の仕方を読み合おう。

（答えの形式）…四段落構成

筆者の考え	筆者は、「森と川と海は一つなのだ」という。つまり…。
自分の立場	これに対して、私は…。
理由・根拠	なぜなら、…。
まとめ	すなわち、森と川と海は（自分の言葉）なのだ。

考えの形成、共有

授業の実際　第五時

学習箇所　本論⑧〜㉗段落

目標……筆者の考えや述べ方を踏まえ、根拠を明確にしながら自分の表現で筆者の考えをまとめる。

導入　課題の確認、本論を音読する。

○学習のまとめとして、筆者の主張を自分の言葉でまとめよう。

⑮段落の筆者の主張を確認し、四段落構成で確認する。

展開

○「つまり」を辞書で引き、接続詞のはたらきを確認しよう。筆者の考えを文章の言葉を用いて言い換えるよう説明する。

○森と川と海はなぜ一つと筆者は言うのかを文章を踏まえて、「つまり〜だ」と説明しよう。

・既習の文図を見るよう促す。

・㉖段落の松永先生の言葉「腐葉土では、『フルボ酸』という物質が生まれます。フルボ酸が鉄に結びつくと、重い粒子にはならずに、『フルボ酸鉄』となって、川の水に流されてきて、海中に浮遊するのです。」や㉖段落下の図を読んで、一つの意味を考えるよう促す。

つまずきの指導ポイント
書く順序を逆に！まずは話そう

・文章を書く前に、「森と川と海は一つなのだ」という価値観を川の流域で暮らしている人や漁師の間だけで共有すればよいのか、と全体に問いかけ、数人に理由を聞くことを通して、自分事として考えさせ生活に結びつける。

・順序を四段落の構成通り考えさせるのではなく、まとめの「一つ」を別の言葉に言い換えるのを先に書かせてから、なぜそう考えるのかの理由を書かせると、書きやすい。それを、早く書けた生徒数人を、黒板に書かせる。そうすることで、つまづいている生徒の参考例にする。あるいは、スプレッドシートでの共有で書かせても良い。

課題「学習の手引き」

（答えの例）

（筆者の主張）筆者は「森と川と海は一つなのだ」という。つまり、森林の腐葉土から生まれたフルボ酸が鉄と結びついたフルボ酸鉄となって、川の水に流され、海の植物プランクトンを増やしている。

（自分の立場）これに対して、森と川と海が一つとなった自然のサイクルを壊さぬよう、人間が支えなければならないと考えた。

（理由・根拠）なぜなら工業優先や大量の農薬の使用など、人間が便利な生活を追求した結果、気付かぬうちに自然を壊してきたからだ。

（まとめ）すなわち、森と川と海は人間が支えるべき自然のサイクルなのだ。

・森と川と海の関係を別の言葉で言い換えてみてはと促す。

展開2

○筆者の考え方や述べ方から学んだこと、自分が生かせるところはどこですか。話し合ってみましょう。

・結論の㉛段落の「震災でも、森は壊れませんでした。そして川は、森の鉄を海へと届け続けていました。」に注目させる。

まとめ

○筆者の意見に対して、どう思うか、自分の考えを書こう。

・「これ」に対しての「これ」が「森と川と海は一つだ」という筆者の意見であることを確認する。

・筆者は『森と川と海は一つだ』という価値観を共有しなければならない」と述べているが、あなた自身はその価値観を共有すべきか？なぜそう考えたのか、と問いかける。グループで互い聞き合う時間をとってから書かせるのも良い。

・理科（雲の生成）や社会の学習（赤潮などの公害）やニュース、体験を振り返ったことを関連付けて書いても良いとする。

○「森と川と海は一つなのだ」を自分の言葉で言い換えよう。

「振り返り」の指導ポイント

本時の学習から学んだ読み方のポイントや表現の工夫など、他の学習にも生かせる内容を自分の言葉で簡潔に書くよう字数を設定して指導する。指導者は授業をする前に、自分で振り返りを書き、授業の活動のねらいに沿ったものになっているか、どんな言葉が必要かを考える。導入で、前時の振り返りで良かった内容を紹介することで定着につなげたい。

「読みの三層」ルーブリック

	教材の課題	A　十分達成している	B　おおむね達成している	C　達成していない
構造と内容の把握	筆者はどのような取り組みや研究を通して問いの答えを見つけていったのか、問題解決の道筋を図に整理しましょう。	ワークシートの図の通りに自力でどの欄も全て書けている。（P91参照）かつ、振り返りで、時系列に、体験を踏まえて得た気付きをわかりやすく書いていることの良さや資料の効果について言及できている。	ワークシートの構成、時、誰、体験、気づきの欄が自力で概ね書けている。資料とその効果は話し合いや教師の支援で書くことができている。	ワークシートの言葉を埋められない。
	構成、時、誰との出会い、体験、気づき、資料とその効果の項目に、それぞれ書いて図に整理する。	（振り返りの例） ・四つの体験から得た問い、気づき、答え、まとめと、時系列で順序立てて説明している。文に合う図や写真を添えたり話し言葉をいれたりする工夫もあった。今後はそのような点を意識して読んだり書いたりしたい。	ワークシートの図は、P91参照。 （振り返りの例） ・四つの体験を順序立てて書いている。図や写真があることで説明がわかりやすかった。	まず、時間と誰に出会ったかを押さえさせる。筆者が出会ったとき、どんなことに気付いたかわかるところに線を引かせる。資料からわかること、特徴をまず問い、それが文章のどことの説明と重なるかを考えさせる。
精査・解釈	内容を理解するために重要な語句を取り出し、本文中の図や写真、国語辞典などで調べたことを使って説明しよう。	⑤のところで、Aではなく Bと比較して効果や印象について具体的に説明できる(1)。あるいは他の言葉と関連付けて説明したり(2)、文章理解が進む理由を具体的に述べたりしている。(3)	①～⑤の項目について調べたこと、考えたことを書いている。⑤については文章と照らし合わせて、使われ方に関しては書けている。	③に関して正しく書くことができない。(1) ⑤を書くことができない。(2)
	①用語、 ②辞書の意味、 ③本文で使われている意味、 ④引用文献、 ⑤使われ方・この語句を文中で使う効果 について調べたり考えたりして書く。	Bの⑤雑木林の土ではなく「腐葉土」にすることで、森から出た落ち葉が腐って土になる自然の過程でフルボ酸ができることのイメージがしやすい。(1)これにより、川や海だけでなく、森も植物プランクトンが生み出されるために貢献していることを暗示している。 (3)「培養」が成功したのが「腐葉土」に頼って解決できたところに、人工的には限界があること、「森には魔法つかいがいる」ことを印象づける効果にもつながる。(2)	①～④省略： ⑤「腐葉土」は他でもない、森から生まれた土であることが伝わる。「腐葉土」のおかげで培養が成功した理由は分からないがすごいことで、魔法つかいの存在が強調され、魔法つかいとは何か、読者に興味を持たせる効果がある。	同じグループの生徒と交流し、気づきを得る。 (1)辞書の意味を確認し、用語のある前後の文脈を再度読むように指示する。 (2)その用語が無いと何が伝わらないか、あることで何が伝わるか、読者にとってわかりやすいとしたら何がわかりやすくなるのかを考えさせる。なぜその用語でなければならないのかを考えさせる。

ルーブリックと学習活動

○構造と内容の把握では、振り返りで文章の構造を理解し説明できるだけでなく、その学びをどう生かすかまでを書かせたい。「本時の学びはどんな場面で役立つか」と事前に投げかけたい。

○精査・解釈では、⑤の使われ方をいかに考えさせるかにある。全体で一つの言葉を考えてから始めるか、「魔法」を例にA評価の模範解答を提示するかがカギだ。

生徒の学習の見通しが持てるよう、書く前に、B、A基準（ルーブリックの上段）を示すと良い。

「読みの三層」ルーブリック

	教材の課題	A　十分達成している	B　おおむね達成している	C　達成していない
考えの形成、共有	筆者の考えを踏まえて、根拠を明確にしながら「森と川と海は□なのだ」のような表現を用いて、自分の考えを書き、考え方や表現の仕方を読み合おう。	Bに加え、四段落構成、筆者の考えを踏まえ、自分の考えが論拠とともに述べられている。 例えば、構成の③段落の理由や根拠が筆者の主張を踏まえた、生活体験やニュース、理科や社会での既習事項などを踏まえて述べられている(1)。あるいは筆者の「一つなのだ」に対する表現への工夫を適切に言及している(2)。	四段落構成で、筆者の考えを踏まえ、自分の考えが述べられている。 構成④の「森と川と海は□なのだ」の□が、森と川と海の関係性を踏まえた言葉で適切に説明できている。	構成の①段落の「つまり～」以下の説明が本文を踏まえて書けていない(1)。構成の④段落の「森と川と海は□なのだ」の□が、構成の①②③段落の説明とずれて、整合性がない(2)。
	指定した四段落構成を基に、自分の考えを書く。	(1)賛成だ。なぜなら森と川と海は水のかかわりでも支え合っているからだ。森に降った雨が地下水となり川に流れ込む。その水は川を通って海に集まる。海から雲が生まれ、森へと還元される。その際、「緑のダム」と呼ばれる森から、水がフルボ酸鉄など栄養素を川へ海へと運ぶ。水が巡ることで互いが支え合う関係である。 (2)反対だ。森や川が海へもたらす過程は分かるが、海から森や川にもたらすものが明確に示されていないからだ。「一つ」という表し方では輪のような循環を思い浮かべてしまうので、表現の仕方を変えるべきだ。すなわち、森と海と川は一本の堅い糸なのだ。	構成①段落「つまり」の説明が㉖段落の要約を踏まえて書けている。 (例)つまり植物プランクトンが増えるために必要な鉄は本来水に溶けると沈んでしまうが、森の腐葉土が沈まない鉄を生み出し、それを川が海へと運んでいる。 構成④段落の□には、家族、仲間、運命共同体、絆など、つながりが感じられる表現、循環、輪、直列つなぎなど連続した状態を指す表現が記されている。	(1)㉖段落や㉛段落を読ませ、森と川の関係、川と海の関係をそれぞれ段階ごとに追わせて口頭で説明させたり一文で簡潔にそれぞれまとめさせたりする。森と川と海をつなぐキーワード「フルボ酸鉄」を問い、本文中の本論のイラストを見ながら森からどう川、海へ行くかを説明させる。 (2)⑪段落から⑮段落を読ませ、海の荒れている状況が森とどう関係があるのかを確認する。④から③段落の順で声に出して読ませる。

特に①段落の「つまり」の説明が文章を理解して要約できているか、④段落の□にあてはまる言葉が③段落の内容からずれていないかが大事であることを書く前に全体で確認する。

共有の機会に、ルーブリックを活用して、互いに文章を読み合い、自己評価、他己評価をする。また、A基準に該当する生徒の文章、あるいはルーブリックの下段の回答例を示して全体で共有し、そのよいところを話し合うのも良い。

授業で使える！ ワークシート

	答えを見つける道筋（時系列）➡			
構成	序論 ①～⑦段落	本論１ ⑧～⑮段落	本論２ ⑯～㉗段落	結論 ㉘～㉜段落
時	六十年以上前 筆者中学生	1962年 筆者高校卒業	1989年 の翌年	2011年 震災後
誰	今井先生	レイチェル＝ カーソン	松永先生	田中先生
体験	④腐葉土の働きで、植物プランクトンが増えた。 ⬇	⑫気仙沼湾に注ぐ大川の河口から上流に向かって歩く。 ⬇	⑯大川上流の室根山に、落葉広葉樹を植える運動を始める。 ⑰松永先生の話を聞く。 ⬇	㉘漁師による森づくり活動を続けている。 ㉚田中先生の調査結果を聞く。 ⬇
気づき	（問い） ⑦森にいる、魔法つかいとは何か。	（気づき） ⑬・⑭荒れた山・生き物が姿を消した農地。	（答え） ㉗魔法使いの正体は「フルボ酸鉄」だった。	（まとめ） ㉚カキが食べきれないほど植物プランクトンがいるのは、長年、森と川の環境を整えてきた成果。
資料とその効果	地図・室根山、大川、気仙沼湾が一つにつながっていることが視覚的に伝わる。森と川と海は一つであることが示されている。	写真・生活排水が原因の赤潮を目で見て、自分事として身近に感じられる。植物プランクトンにも種類が分かれ、視覚的に捉えられて実感しやすい。	イラスト・森の腐葉土から生まれたフルボ酸が鉄と出会い、フルボ酸鉄になる過程が分かりやすい。	写真・「植樹祭」が多くの人と三十年継続して行われていることから、「森と川と海は一つなのだ」の価値観が共有されている事が伝わる。

授業活用のポイント

第二時で用いる。教科書の学びナビの図に、時間や出会う人の覧を入れたことで、展開が時系列であることを理解しやすくした。

評論を全体で解いて学習の見通しを持たせ、個別で進める。その後、全体で上段を確認してから資料とその効果について取り組む。結論がどのような意味を持つのか、考える際のヒントとしても活用できる。

⬆
89~91ページ
のデータの
ダウンロード用
QRコード

ちょっと立ち止まって

文章の構成に着目し、要旨を捉える
―文章の要旨を捉え、それを基に考えたことを伝え合う―

内川　美佳

本教材のねらいは文章の構成に着目し、要旨を捉えることである。

文章構成においては、「序論・本論・結論」の三段落構成となっており、その内容が「話題提示・事例・筆者の主張」と明確に分けることができる。要旨においても、筆者の主張が結論部分の一段落にまとまっているため捉えやすい。中学入門期の学習者が、説明的文章の基礎・基本を学ぶには比較的平易で、しかも「だまし絵」の視覚的効果もあいまって、受け入れやすい教材であると思われる。

学習者は、この先も様々な説明的文章を読んでいく。比較的短く、捉えやすい教材であるからこそ、文章構成や要旨といった学習用語をおさえた上で、説明的文章の読み方を丁寧に指導していきたい。

また、筆者の主張にある多面的に物事を捉える視点は、これからのダイバーシティ社会を生きていく学習者には必須の資質である。余裕があれば、「考えの形成」に関わる時間も大切にしたい。

単元目標達成の授業導入ポイント

教科書を開くと、「ルビンのつぼ」が目をひく。学習者の間では、文章を読む前にこれらの絵が何に見えるかが話題になるにちがいない。当然、これを見過ごすわけにはいかない。

「何に見える？」

「つぼだよ。」

「人が向かい合っている絵じゃないの？」

「あ、つぼにも見えるね。」

などというやりとりを経て、なぜ見え方が違ったのだろうと投げかけると、学習者は自ずと「なぜだろう」という視点で読み始める。説明的文章は、導入部分で学習者の知的好奇心をいかに刺激するかが鍵となる。「なぜ」の答えを見つけるために文章構成を捉え、「なぜ」の答えを見つけた上で、筆者が何を伝えたいのかを理解する。さらに筆者のメッセージから考えを広げ、深めていく。そのような授業をしたい。

課題「学習の手引き」

1 文章の構成に着目し、要旨を捉えよう。

①文章全体を、大きく三つのまとまり（序論・本論・結論）に分けてみよう。さらに、本論を事例ごとのまとまりに分けてみよう。

【解答例】
○序論　第①段落
○本論　第②～⑨段落
本論1　「ルビンのつぼ」の図
第②～⑤段落
本論2　「若い女性とおばあさん」の図
第⑥⑦段落
本論3　「化粧台の前に座っている女性とどくろ」の図
第⑧⑨段落
○結論　第⑩段落

構造と内容の把握

説明的文章を苦手とする学習者の中には、「根拠」や「主張」、「段落」といった学習用語を理解していないことによる困難さを訴えるものも多い。

設問1では、「文章の構成」、「要旨」という極めて重要な学習用語が並んでいる。これらの言葉の意味を理解できない学習者は、問いを見ただけで抵抗を感じるであろう。そこで、問いに入る前に、重要語句としてこれらの意味を確認しておく必要がある。

文章の構成……文章の組み立て

いくつかの段落が結びついて一つの大きな段落をつくり、それぞれが役割を果たしながら文章を組み立てている。

説明的文章の場合、「序論・本論・結論」の三つで構成されることが多い。

要旨……文章の内容や、筆者の考えの中心大事な部分を短くまとめたもの。

このような具合である。

序論	本論			結論
話題提示	事例			筆者の主張
①段落	事例1	事例2	事例3	⑩段落
	②～⑤段落	⑥・⑦段落	⑧・⑨段落	

課題「学習の手引き」

②筆者の考え（結論）をもとに、文章の要旨をまとめよう。

【解答例】
私たちは、ひと目見たときの印象に縛られ、一面のみを捉えて、その物の全てを知ったように思いがちであるが、見方によって見えてくるものは違ってくる。ちょっと立ち止まって、他の見方を試してみると、新しい発見の驚きや喜びを味わうことができる。

「〜だろうか。」「〜だろう。」などの本文の表現を、「〜である。」「〜だ。」などのような言い切りの形に変えると、要旨としてまとめやすい。

本論は、「図とその見え方の説明」、加えて「関連する他の事例」と構成がはっきりしている。図が掲載されているため視覚的にも捉えやすい。構成を捉えるのが困難な学習者には、それぞれの図について書かれている段落に着目するよう助言すると良い。

設問２は要旨をまとめる活動である。要旨をまとめるときは、なぜ結論部分をもとにするのかを考えさせ、結論≒主張であることをおさえておくと、他の説明的文章を読む際につながっていく。

要旨をまとめるときは、結論のどの部分が必要かより、どの部分が不要かを考えた方がまとめやすい。また、「〜だろうか。」など、読者に問いかける形になっている表現を「〜である。」などの言い切りの形に変えることで、要旨としてふさわしい表現になってくる。結論のどの部分を削除し、文末にどの言葉を選ぶかをグループワークで吟味させた後に、個々でまとめる時間をとると、国語が不得意な学習者も活動しやすくなる。また、グループで言葉を吟味することにより、語彙を含めた表現の幅を広げることにもつながる。

生徒のつまずきポイント

要約と要旨の違い

学習者は、小学校段階で「要約」について学習している。「要約」は文章の内容を短くまとめることであるが、「要約」と「要旨」は混同しやすい。

「要旨」も文章を短くまとめることにかわりはないが、単に短くするのではなく、文章の内容や筆者の考えの中心をまとめたものであることを確認しておく必要がある。

そのことにより、要旨をまとめるときは、筆者の主張が述べられている結論部分に着目するとよいことが理解できるだけでなく、書く活動を行うときにも活用することができる。

課題「学習の手引き」

2　文章の構成に着目し、その効果を考えよう。

①文章と図との対応に注意し、本論の図がそれぞれ何を述べるために示されているかをひと言でまとめよう。

【解答例】

・「ルビンのつぼ」の図
見るという働きには、一瞬のうちに中心に見るものを決めたり、それを変えたりすることができるという一面がある。

・「若い女性とおばあさんの図
ひと目見て何かの絵と思ったものを別の絵と見るには、今見えている絵を意識して捨て去る必要がある。

精査・解釈

本論の三つの事例は、結論の「ひと目見たときの印象に縛られ、一面のみを捉えて、その物の全てを知ったように思いがちである。」を否定するための根拠として示されている。

設問①は、その根拠を一般化するための問いである。設問①だけを見ると、本論だけを読んでまとめたくなるが、結論の根拠であることを学習者に意識させることで、まとめ方がレベルアップする。例えば、

「何のために、三つの事例があるのだろう。」

「三つの事例を通して、何を伝えたいのだろう。」

などと投げかけることで、本論の内容を要約するだけにとどまらず、結論との関係を考えながらまとめることができるようになる。読むことが得意な学習者は、結論との関係を意識することで、「ものの見方」という観点で一般化できる。逆に、読むことが不得意な学習者は、図の説明になりがちである。「違う絵を見るためには、どうしたらよいといっているだろう。」などと問いかけ、ワークシートを用いて、それぞれの事例が何を述べているのか整理すると良い。

板書例

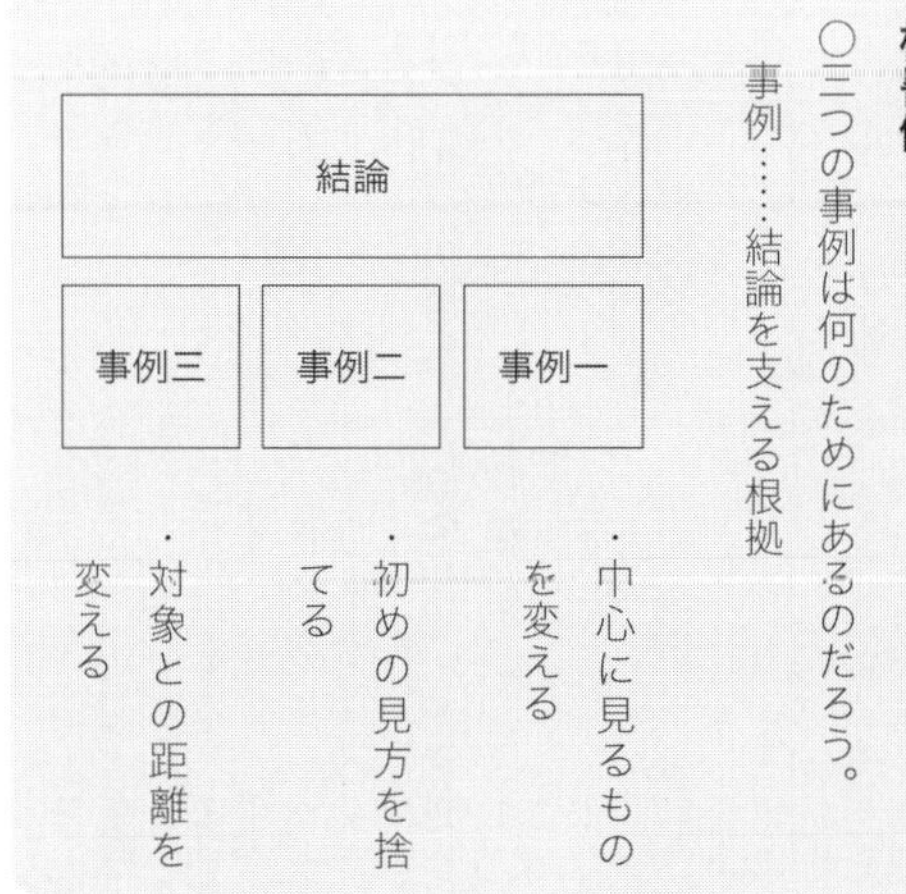

課題「学習の手引き」

・「化粧台の前に座っている女性とどくろ」の図
近くから見るか遠くから見るかによって、同じものでも全く違うものとして受け取られる。
②結論を導くために、序論と本論がどのような役割を果たしているかを考えよう。

【解答例】
○序論　話題提示
○本論　事例の提示と説明。これらの事例が筆者の主張（結論）を支える根拠になり、結論に説得力をもたせている。
「結論で何を言っているか」
⬇　構造理解につながる

説明的文章では、序論・本論・結論の三段落構成のものが多く見られる。それらは、学習者が本教材の前に学習している「ダイコンは大きな根？」にもあるように、「導入・話題提示・問い」→「答え・例示・根拠」→「まとめ・主張」となっていることが多い。既習事項をそのまま当てはめたくなるところだが、それは大変危険である。学習者がこれから出会う文章の中には、いきなり結論から始まるものもある。既習事項を次の学びに生かす姿勢は大切であるが、疑いの目や批判的な目をもつことも学びには必要であることを指導しなくてはならない。

設問②は結論を導くための序論と本論の役割を問われているのであるから、設問①同様、結論で何が述べられているかを確認しておかなくてはならない。「もののの見方」が話題になっていることが理解できれば、自ずと「序論＝話題提示」「本論＝例示・根拠」であることが捉えられる。そこで、前に学習したことと結びつけ、同じような段落構成になっていることを確認する。

「自分の考え」形成の指導ポイント

「『ダイコンは大きな根？』で学習したとおり、序論は話題提示です。」

「そうですね。」

などというやりとりは、決してしてはならない。

「本当に『ダイコンは大きな根？』と同じなの？」

「なぜそう考えたの？」

「では、提示している話題は何？」

「それはどこから分かる？」

学習者の発言に対し、「なぜ？」「どうして？」「例えば？」「他には？」と指導者が問わないと学習者の思考は深まらない。指導者が問い続けることで、「『なぜ？』と聞かれたらこう答えよう。」と先回りして考えられるようになる。自問できるようになることが、「自分の考え」を形成する第一歩である。

課題「学習の手引き」

3　考えたことを伝え合おう

筆者の考えをもとに、生活の中で、ものの見方や考え方が広がったと思われる体験や事例を発表しよう。

【解答例】

友達とけんかしたとき、「嫌い。」「自分とは合わない。」とすぐに決めつけないで、ちょっと視点を変えて見つめ直してみた。そうすると、今まで見えなかった友達のよさが見えてきて、けんかする前よりも友達のことが好きになり、すぐに仲直りすることができた。

100〜101ページのワークシートを提示

⬇「型」により記述しやすくなる。

考えの形成、共有

本単元の中心的な目標は、文章の構成に着目し、要旨を捉えることである。しかし、文章を読んだ後に、筆者の主張を踏まえ、自分の経験と比較したり、自分の生活に落とし込んだりして考えることは、学習指導要領の「C　読むこと」の「考えの形成」につながる大切な活動である。中心的目標でない場合、軽視されがちであるが、読むことの単元においては短時間であっても取り扱い、学習者が文章を読んで考えることを習慣づけたい。

筆者の考えは、設問1①で要旨としてまとめている。それを確認しただけでいきなり発表することは難しい。そこで、本論で述べられている三つの例を、設問2①をもとにして一般化したものを提示することで、考えるポイントが絞られ、体験と結びつけやすくなる。

考えをまとめたり、書いたりすることが不得意な学習者には、ワークシートで型を示し、記述させる方法もある。また、スプレッドシートなどで共有することで、それをヒントにして書いたり、考えを広げたりすることもできる。

単元学習と「国語」学習の本質

本教材の中心となるねらいは、要旨を捉えることである。学習の終末に「要旨とは何か」、「要旨の捉え方」を考える時間をとる。この二点を学習者が身につけることで、本教材での学びが汎用性のあるものになる。国語の学習は、教材を読むことでなく、教材を通して言葉の力を身につけることである、ということを指導者はもちろん、学習者も理解しておかなくてはならない。

さらに本教材では、物事を多面的に捉えるという視点が与えられている。設問3で経験と結びつける活動があるが、なぜそのような視点が必要なのかも考えさせることで、ダイバーシティ社会を生きる素地を養うことができる。

「読みの三層」ルーブリック

	教材の課題	A　十分達成している	B　おおむね達成している	C　達成していない
構造と内容の把握	1文章の構成に着目し、要旨を捉えよう。 ①文章全体を、大きく三つのまとまり（序論・本論・結論）に分けてみよう。さらに、本論を事例ごとのまとまりに分けてみよう。 ②筆者の考え（結論）をもとに、文章の要旨をまとめよう。	①序論・本論・結論に分けるとともに、本論を事例ごとにまとめ、分けたりまとめたりした根拠を説明できる。 ②結論をもとに、要旨としてふさわしい表現を使用してまとめている。	①序論・本論・結論に分けるとともに、本論を事例ごとにまとめている。 ②結論から要旨をまとめている。	①序論・本論・結論に分けたり、本論を事例ごとにまとめることができない。 ②要旨をまとめることができない。
		①①段落は、読者の経験を想起させ、話題を提示している。②～⑨は、図とその説明を中心に事例を示している。⑩は事例をまとめながら筆者の考えを述べている。②人は、第一印象に縛られたり、一面のみを捉えたりして、その物の全てを知ったように思いがちであるが、見方によって見えてくるものは違ってくる。ちょっと立ち止まって、他の見方をすることにより、新しい発見の驚きや喜びを味わうことができる。など	①解答例参照 ②解答例参照	補助発問・ヒント ①（一つ一つの図を示しながら）この図の説明が書いてあるのはどの段落だろう。 ②⑩段落の中で、なくてもいいと思う言葉を消してみよう。
精査・解釈	2文章の構成に着目し、その効果を考えよう。 ①文章と図との対応に注意し、本論の図がそれぞれ何を述べるために示されているかをひと言でまとめよう。 ②結論を導くために、序論と本論がどのような役割を果たしているかを考えよう。	①本文中の言葉を用いながらも、より一般化してまとめている。 ②序論と本論の役割に加え、本文での序論の効果と、本論の事例が、結論のどの部分の根拠となっているかを説明できる。	①本文中の言葉を用いてまとめている。 ②序論と本論の役割を説明できる。	①それぞれの図が何を述べるために示されているのかをまとめることができない。 ②序論と本論の役割を説明できない。
		①【「ルビンのつぼ」の図】中心に見えるものを変える働き【「若い女性とおばあさん」の図】初めの見方を捨てる必要性【「化粧台の前に座っている女性とどくろ」の図】距離と見え方の関係 ②【序論】単なる話題提示だけでなく、ものの見方の違いについての経験を読者に思い出せ、結論に納得感を与える役割を果たしている。【本論】「一目見たときの印象」＝「若い女性とおばあさん」の図「中心に見るものを変えたり」＝「ルビンのつぼ」の図「見るときの距離を変えたり」＝「化粧台の前に座っている女性とどくろ」の図	①解答例参照 ②解答例参照	補助発問・ヒント ①他の絵を見るには、どうしたらよいと書いてあるだろう。 ②①段落でなぜこの話をしているのだろう。 もし序論と本論がなくて結論だけの話を読んだら、どう思うだろう。

ルーブリックと学習活動

ルーブリックは学習者に提示し、何ができればよいのかという目標をもたせる。

設問1②

要旨をまとめるといっても、結論部分の主要な文を抜き出して終わってしまう学習者も多い。複数の文は接続表現を用いて一つにまとめたり、文末表現を変えたりと「一工夫」するだけで要旨としてのまとまりが出てくる。抜き出すだけではなく、前述の「一工夫」することを助言すると、より高い目標を目指して取り組む学習者が出て、今後の学習にも生かすことができる。

「読みの三層」ルーブリック

	教材の課題	A　十分達成している	B　おおむね達成している	C　達成していない
考えの形成、共有	３考えたことを伝え合おう 筆者の考えをもとに、生活の中で、ものの見方や考え方が広がったと思われる体験や事例を発表しよう。	自分の言葉で、事例に則した体験や事例を表現している。	ワークシートの型を用いて、体験や事例を表現している。	体験や事例を表現することができない。 補助発問・ヒント ・ものの見方が変わった経験はないかな。 ・教師自身の体験や事例を提示し、似たような経験を想起させる。

	A　十分達成している	B　おおむね達成している
①中心に見るものを変える	Aさんは、バスケ部のキャプテンで、いつも大きな声でチームを盛り上げ、絶えず動いている印象があった。消極的な私とは対照的で、遠い存在に見えた。しかし、休み時間の教室の様子を見ると、いつも自分の席で読書をしている物静かな人であった。私も読書が好きなので、本の話をしてみると、私が読んだこともない本をたくさん読んでいた。これをきっかけに、私にとって、Aさんは、かけがえのない友達になった。	Aさんは （部活動中の様子）を中心に見ていると （大きな声で活発に動き回る人という印象）だったが、 （休み時間の様子）を中心に見てたら （物静かな読書家）だった。
②初めの見方を捨て去る	祖父の家は、100年以上前に建てられ、家も家具もすべてのものが古くさく、使いにくいものばかりだと思っていた。しかし、友達を連れて行ったら、「レトロでおしゃれ」と言われた。古くさいという見方を捨てたら、確かに、風呂場や台所のタイルや、家具なども今のものにはない独特の味わいを感じられるようになった。	祖父の家は、 初めは（古くさくて使いにくいものばかり）と思っていたが、 その見方を捨てたら （今のものにはない味わい）が見えてきた。
③対象との距離を変える	隣のクラスだったCさんは、真面目で勉強ができ、周りの人に対しての言葉遣いが丁寧で、近寄りがたい雰囲気をもっていた。しかし、同じクラスになってみると、誰にでも明るく話しかけ、しょっちゅう冗談を言うような親しみやすい人だということが分かった。	Cさんは、 近く・遠くで見ると （とっつきにくい印象）だったが、 遠く・近くで見ると （ユーモアがあって親しみやすい人）だった。

設問２②

本論が結論の具体的な説明や根拠になっていることは、多くの学習者が理解できる。ここでは、表面的な理解に終始しないよう、本論の各事例が結論のどの部分と結びついているかを考えさせる。

説明的な文章であっても、理由や根拠が適当でないものもある。この活動を通して、本論が結論の根拠として成立するか否かを見極める目を養う。発達段階から、適不適を見極める前の、対応関係を確認するまでにとどめているが、この目を養うことは、論理的な文章を書く力にもつながっていく。

授業で使える！ ワークシート①

図			
絵の見方	女　性…近くから見る どくろ…遠くから見る	最初に見えた絵を意識して捨て去る	つぼ…白い部分を中心に見る 横顔…黒い部分を中心に見る
他の例	富士山は遠くから見ると秀麗近くで見ると荒々しい遠くから見たらきれいなビルも近くで見るとひび割れすすけた壁面 ↓	↓	少女を中心に見ると、橋や池が背景になる。 橋に注目すると、その上を徹人は背景になる。 ↓
伝えたいこと	近くから見るか遠くから見るかによって、同じものでも全く違うものとして受け取られる。	ひと目見て何かの絵と思ったものを別の絵と見るには、今見えている絵を意識して捨て去る必要がある。	見るという働きには、一瞬のうちに中心に見るものを決めたり、それを変えたりすることができるという一面がある。

授業活用のポイント

　このワークシートを活用する前に各事例の構成要素を確認しておく必要がある。

①図の見え方
②違う絵の見方
③他の身近な例
④図と身近な例との共通点

　これらの共通する要素で構成されていることがわかる。共通する要素を比較することで違いが明確になり、各事例が何を伝えたいのかがはっきりする。

　同じ観点で比較するという読み方は、情報を整理する上で重要な技能であり、説明的文章では意識したいポイントである。

授業で使える！ ワークシート②

①中心に見るものを変える	②初めの見方を捨て去る	③対象との距離を変える
Aさんは （部活動中の様子）を中心に見ていると （大きな声で活発に動き回る人という印象）だったが、 （休み時間の様子）を中心に見てたら （物静かな読書家）だった。	祖父の家は、 初めは（古くさくて使いにくい）と思っていたが、 その見方を捨てたら （今のものにはない味わい）が見えてきた。	Cさんは、 近く・遠くで見ると （とっつきにくい印象）だったが、 遠く・近くで見ると （ユーモアがあって親しみやすい人）だった。
Aさんは、バスケ部のキャプテンで、いつも大きな声でチームを盛り上げ、絶えず動いている印象があった。消極的な私とは対照的で、遠い存在に見えた。 しかし、休み時間の教室の様子を見ると、いつも自分の席で読書をしている物静かな人であった。私も読書が好きなので、本の話をしてみると、私が読んだこともない本をたくさん読んでいた。これをきっかけに、私にとって、Aさんは、かけがえのない友達になった。	祖父の家は、100年以上前に建てられ、家も家具もすべてのものが古くさく、使いにくいものばかりだと思っていた。しかし、友達を連れて行ったら、「レトロでおしゃれ」と言われた。古くさいという見方を捨てたら、確かに、風呂場や台所のタイルや、家具なども今のものにはない独特の味わいを感じられるようになった。	隣のクラスだったCさんは、真面目で勉強ができ、周りの人に対しての言葉遣いが丁寧で、近寄りがたい雰囲気をもっていた。 　しかし、同じクラスになってみると、誰にでも明るく話しかけ、しょっちゅう冗談を言うような親しみやすい人だということがわかった。

授業活用のポイント

　三つの事例から、好きなものを選び、自力で記述できる場合は下段を、難しい場合は上段の型に当てはめて書く。上段を使う場合は、接続しやすいように括弧の語を変えて良い。

　話題を見つけるのに苦慮する学習者のために、書く前にグループで意見交換したり、スプレッドシートの入力画面を共有したりするのも良い。

↑
98～101ページのデータのダウンロード用QRコード

ガイアの知性

それぞれの「知性」を関係づけて整理する

小林　圭太

本教材は、第一大段落で、人間が鯨や象に対して畏敬の念を抱くようになったという事実を述べ、問題を提起する。第二大段落においてはオルカやイルカ、象の「知性」を具体的に例示する。第三大段落では問題提起と具体的な事例を結び付け、人間の「知性」に対する提言を行っている。論旨が明確な文章であり、学習者自身が問題の当事者であるので、必要感をもって読める文章であり、自らの経験と照らし合わせて考えることにも取り組みやすい。学習指導要領にある「文章を読んで理解したことや考えたことを知識や経験と結び付け、自分の考えを広げたり深めたりすること。」［C（1）オ］を軸に授業を構想することがふさわしい教材といえる。あらゆる表現で「知性」が示されているため、情報を整理し、分類したり関係づけたりする力を生徒に身に付けさせる上でも効果的である。

単元目標達成の授業導入ポイント

・事例から、筆者の考えの根拠を捉えて読む。（構造と内容の把握）
・「知性」を含む語句に着目し、「真の意味の『ガイアの知性』」との関係を示す図にまとめる。（精査・解釈）
・筆者の推論から導き出された答えと主張に着目し、「未来のあり方」に対する自分の考えを文章にまとめる。（考えの形成、共有）

単元導入の際には、まず、人間と自然環境（動植物）との関係を生徒と確認したい。その中で、人間が環境を破壊したり、作り替えたりすることで文明を維持・発展していることから、自然環境を支配する立場にある現状を把握したい。そのような意識のもと、この作品を読むことで、生徒には考えのズレが生まれる。そのズレや気づきを大切にしたい。

課題「学習の手引き」

1 「オルカ」「イルカ」「象」の事例から、高度に進化した「知性」をもっていると筆者が考える根拠を抜き出そう。

問い　筆者が、高度に進化した「知性」をもっていると考えるのはどうしてか。根拠を抜き出そう。

答え

・「ただ餌を欲しいがために本能的に芸をしているのではない」

・「捕らわれの身となった自分の状況を、はっきり認識している」

・「オルカのほうが、人間が求めていることを正確に理解し、自分のもっている高度な能力を、か弱い人間（調教師）のレベルに合わせて制御し、調整をしながら使っている。」

構造と内容の把握

授業の実際　第二時

目標……「オルカ」「イルカ」「象」の事例から、高度に進化した「知性」をもっていると筆者が考える根拠を捉える。

【この問いを設定する意図】

説明的文章では、冒頭や週末に述べられる筆者の主張を、事例などを用いて具体的に分かりやすくしている。この問いについて考えることにより、主張と事例の関係を生徒が主体的に捉えることができると考える。

導入

課題の確認をする。

問い

「オルカ」「イルカ」「象」が高度な知性をもっていると筆者が考える根拠は何か。

展開1

本文を読み、ワークシートにまとめる。

・「オルカ」「イルカ」「象」について書かれている文にそれぞれ線を引く。

・線を引いた中から、問いの答えとなる部分（筆者の考えの根拠）を探し、ワークシートに抜き出す。

課題「学習の手引き」

・人間の強制ではなく、明らかに、オルカ自身の意志と選択がはたらいている。」
・「彼らの理解能力は驚くべき速さ」
・「彼らもまた人間に何かを教えようとする」
・「その歯はなんと、彼が発見したまさにその場所に戻されていたのだ」

○答えを導くための指導のポイント
どこに何が書かれているか把握が難しい生徒には、「イルカ」「オルカ」「象」の事例がどこに書かれているか(まとまっているか)を確認させる(実態に応じて、個別指導か全体指導か選択)。

展開2
○抜き出した部分をグループで共有する。
・抜き出した部分がどうして筆者の考えの根拠となるのか、グループ内で確認させる。その際、筆者の考えにある「高度な知性」という言葉を改めて着目させ、抜き出した文と「高度な知性」という言葉に関連があるか(筆者の考えの根拠となっているか)という視点で活動させたい。

展開3
○グループで共有したことを、全体で共有する。
・全体で共有する際にも、その文章がなぜ筆者の考えの根拠となるのかを生徒に説明できるようにしたい。

まとめ・振り返り
○授業の終末では、本時で学んだことを振り返る時間を確保する。
・「本時の課題(目標)は解決できたか」「本時の学習で身についた力」「次時で学びたいこと」など、観点を明確にし、感想にならないようにする。

指導のポイント
○「オルカ」「イルカ」「象」の事例から、彼らが高度に進化した「知性」をもっている筆者は推論する。しかし、その「知性」は我々人類の「知性」とは「何かが決定的に違っている。」ものであり、「全く別種の『知性』」である。そしてそれは論を読み進めていくと「受容的な知性」と表現されるものであるとわかる。以上のことをおさえた上で、人類の「知性」とは異なる質の「知性」の例が列挙されていることに留意して読み進め、まとめさせたい。また、三つの事例の中で、最後の象の例だけが、先の二例とは異なり、未解明な内容も多分に含んでいることをおさえておく必要がある。

課題「学習の手引き」

2 「知性」を含む次の語句に着目し、「真の意味の『ガイアの知性』」との関係を示す図にまとめよう。

(1) 高度な「知性」
(2) 人間の「知性」
(3) 「攻撃的な知性」
(4) 鯨や象のもつ「知性」
(5) 「受容的な知性」
(6) 片面だけの「知性」

問い 「知性」を含む語句と、「真の意味の『ガイアの知性』」との関係を図でまとめよう。

精査・解釈

授業の実際 第四時

目標……「知性」を含む語句に着目し、それらと「真の意味の『ガイアの知性』」との関係を理解する。

導入

課題の確認をする。

問い

様々な「知性」と「真の意味の『ガイアの知性』」との関係はどのようになっているか。

展開1

「知性」を含む語句を探し、整理する。

・異なった言い方でも同じ「知性」を意味するものはまとめるようにする。

展開2

グループでそれぞれの「知性」の関係を図式でする。

・図式化する際、どのような記号や図を使うと良いか、教師が例示する。

・図を作成する上で、思考ツール(ベン図、チャート図など)が利用できることを伝え、紹介する。

・必要に応じて、教科書本文から「知性」以外の語句を図に入れて良いことを伝える。

指導でおさえたいポイント

○「知性」について、様々な表現で書かれているため、それらを丁寧に整理させたい。個人で難しい場合には、グループ活動で友達と確認しながら整理させると良い。

○それぞれの「知性」について図式化することで、文章から情報を整理し、情報と情報の関係を的確に捉えさせたい。

課題「学習の手引き」

答え（板書例）

（4）鯨や象のもつ「知性」＝
（1）高度な知性

・自然をコントロールしようとは思わない。
・自然のもつ無限に多様で複雑な営みを理解する。
・自然の複雑な営みに適応する。

（5）「受容的な知性」
↓「この地球に生き永らえてきた」

（2）人間の知性

・自分たちだけのための安全と便利さのために自然をコントロールする。
・自然を意のままに支配しようとする。
・環境破壊を起こす。

（3）「攻撃的な知性」
↓「地球全体の生命を危機に陥れている」
（6）片面だけの「知性」（我々人類が異常に進歩させてしまった「知性」）

もう一方の「知性」の持ち主である鯨や象たちからさまざまなことを学ぶことによって、真の意味の「ガイアの知性」に進化する必要がある。

展開3

グループで図式化したものを、全体で共有する。

・関係性を確認しつつ、より良い図式化の仕方について取り上げて確認したい。例えば、同じものを「＝」で表したり、ベン図を使ったりしているなど、各グループの特色や良さを生かしたい。

まとめ

・文章の中の情報も、図式化することでわかりやすく整理することができることをおさえる。

○図式化の指導のポイント
・同じ意味の言葉はまとめる
・「同じ」「反対」「変化」などを記号を用いて表現する。
※他の例で一度やってみると良い。

課題「学習の手引き」

3　筆者の推論から導き出された答えと主張に着目し、「未来のあり方」に対する自分の考えを文章にまとめ、グループで話し合おう。

問い　筆者の推論や主張に着目し、「未来のありかた」について考えよう。

答え

（例）鯨や象などに未解明な知性が、筆者の言う地球との共存、共生のための知性だとしたら、その知性、つまり「ガイアの知性」を解明することが大切になる。人間に捕らわれたオルカが人間に対する思いやりの心をもち、「芸」をする高度な能力を巧みに用いているならば、その解き明かしが必要となるが、それ、オルカ

考えの形成、共有

授業の実際　第五・六時

目標……筆者の推論から導き出された答えと主張に着目し、「未来のあり方」に対する自分の考えをもつ。

導入

課題の確認をする。

問い

筆者の主張に着目し、「未来のあり方」について考えよう。

展開1

・筆者の主張を確認する。

「だからこそ～真の意味の『ガイアの知性』に進化する必要がある、と私は思っている」

展開2

・「未来のありかた」について、筆者の主張に着目して自分の考えを書く。

・自分の考えを書くことが難しい生徒には、書き出し部分を示し、型に合わせて書くよう助言する。

例：「筆者の主張については、（生徒の記述部分）と考えます。それを踏まえて、私は未来のあり方について（生徒の記述部分）と考えます」

指導でおさえたいポイント

○まず、「筆者の推論から導き出された答えと主張」を明らかにする必要がある。生徒と丁寧に確認し、考えの形成におけるスタートラインを統一する。

○主張である「真の意味の『ガイアの知性』に進化する」とは、どういうことだろうか。ガイアの知性にはいくつかの側面があることをおさえつつ、生徒に考えさせる。

課題「学習の手引き」

との会話、コミュニケーションの実現、向上というかたちですすめられるものと思われる。
今後、我々人類は、鯨や象などの「受容的な知性」をもった動物とのコミュニケーションの実現に最大の努力をすべきで、そのためにさまざまな研究者や専門家が集まって、大きな研究プロジェクトを進めていくことが求められるのではないか。その先に筆者の言う「ガイアの知性」への進化があり、地球や他の動植物といつまでも共生していくことができるだろう。

展開3

・個人で考えた「未来のあり方」について、グループや全体で共有する。
・それぞれの良し悪しを議論するのではなく、多様な考えがあることを確認したい。
・全体で共有する際、教師が生徒の発表（考え）を評価することで、これからの学習に生かせるようにしたい（今回のポイントは、本文に書かれていることを踏まえながら自分の考えを述べるということをおさえる）。

展開4

・他者の考えを踏まえた上で、自分の「未来のあり方」についての考えを振り返る。
・本時の終末では、もう一度自分の考えに目を向け、今後の考えの形成に生かせるようにする。
・「どんな考えが形成されたか、書かれたか」という表現された部分にのみ注目するだけでなく、「どの文章からそう考えたのか」という思考過程に着目できるよう助言したい。

「自分の考え」形成の指導ポイント

・「考えの形成」を促す上で、自分−文章との対話だけでは不十分な生徒が多くいるだろう。教師の全体指導、机間指導も大切であるが、同じ目線の生徒同士で考えを伝え合うことが大切である。グループ・全体での共有を通して、授業の終末では一人一人が自分の考えを形成できるようにしたい。
・グループや全体での共有をすることで、生徒は様々な考えやその述べ方に触れることになる。教師はその場を設定するだけでなく、おさえるべきポイントや考えの述べ方の良い点を示したい。

「読みの三層」ルーブリック

	教材の課題	A　十分達成している	B　おおむね達成している	C　達成していない
構造と内容の把握	「オルカ」「イルカ」「象」の事例から、高度に進化した「知性」を持っていると筆者が考える根拠を抜き出そう。	それぞれの事例から、文章内の具体的な事例をすべて抜き出している。	それぞれの事例から、具体的な事例を抜き出している。 Ａの中のいくつか。	一つもしくは二つの事例の具体例しか見つからない。
	学習者の具体像・具体的な文や言葉の抜き出し	ただ餌を欲しいがために本能的に芸をしているのではない捕らわれの身となった自分の状況を、はっきり認識しているオルカのほうが、人間が求めていることを正確に理解し、自分のもっている高度な能力を、か弱い人間（調教師）のレベルに合わせて制御し、調整をしながら使っている人間の強制ではなく、明らかに、オルカ自身の意志と選択がはたらいている彼らの理解能力は驚くべき速さ彼らもまた人間に何かを教えようとするその歯はなんと、彼が発見したまさにその場所に戻されていたのだ	捕らわれの身となった自分の状況を、はっきり認識している人間の強制ではなく、明らかに、オルカ自身の意志と選択がはたらいている彼らの理解能力は驚くべき速さ 等	補助発問・ヒント 〇主語を確認しよう。 〇どの段落に「オルカ「イルカ」「象」のどの事例が書かれているか、整理してみよう。
精査・解釈	「知性」を含む次の語句に着目し、「真の意味の『ガイアの知性』」との関係を示す図にまとめよう。 ・高度な知性 ・人間の知性 ・攻撃的な知性 ・鯨や象の持つ知性 ・受容的な知性 ・片面だけの知性	すべての「知性」の関係を図式化し、筆者の主張を捉えられている。	「知性」を図式化してとらえようとしている。	知性同士の関係性が理解できていない。
	作成したワークシートなどを基に、この文章が解釈・理解できているかについて、全体像を図示することで把握する。	Bに示した基準のすべてができている。 ※解答例は板書例を参照。	以下のいずれかができている。 〇それぞれの知性が正確に整理されている。 〇記号を用いてそれぞれの知性の関係性を示している。	二つの「知性」を例にとり、その関係性を分類したり、記号で示したりして見せる。

ルーブリックと学習活動

このルーブリックに記載した課題（問い）は、比較的達成しやすいものが多いと思われるが、情報を捉えることはできても、「関係づける」「図式化する」ことが難しい生徒も多い。「考えを図にする」練習が不足しているためである。その際には、生徒に「四角」や「矢印」の図形の紙をいくつか作らせ、それを「手で動かす」ことでサポートすると良い。

「Ｊａｍｂｏａｒｄ」に、これと同じような機能がある。生徒がＩＣＴの活用に慣れている場合は、Ｊａｍｂｏａｒｄを用いても良い。

「読みの三層」ルーブリック

	教材の課題	A　十分達成している	B　おおむね達成している	C　達成していない
考えの形成、共有	筆者の推論から導き出された答えと主張に着目し、「未来のあり方」に対する自分の考えを文章にまとめ、グループで話し合おう。	筆者の推論を踏まえ、自分の考えが論拠とともに明確に示されている。	筆者の推論を踏まえた自分の考えが述べられている。	筆者の推論が踏まえられておらず、自分の考えが曖昧である。
	作成したワークシートなどを基に、論の組み立てと使用語彙を提示する。	例）鯨や象などに未解明な知性があり、それが筆者の言うように地球との共存、共生のための知性だとしたら、その知性、つまり「ガイアの知性」を解明することが大切になるだろう。人間に捕らわれたオルカが人間に対する思いやりの心をもち、「芸」をするために高度な能力を巧みに用いているならば、その解き明かしが必要である。それは、オルカとの会話、コミュニケーションの実現、向上というかたちで進められるものだろう。 　今後、我々人類は、鯨や象などの「受容的な知性」をもった動物とのコミュニケーションの実現に最大の努力をすべきである。そのためにさまざまな研究者や専門家が集まって、大きな研究プロジェクトを組んで進めていくことが求められるのではないか。その先に筆者の言う「ガイアの知性」への進化があり、そうすることで地球や他の動植物といつまでも共生していくことができるだろう。 ポイント ○本文に書かれていることや筆者の主張が踏まえられている。 ○「未来」について、これからのことが述べられている。	以下のいずれかができている。 ○「筆者の言うように」など、本文の内容が踏まえられている。 ○「私たちの未来」「これから」「今後」などの言葉を用い、未来、これからに関することが書かれている。 ○「知性」に関する言葉を用いて、自分なりの考えが書かれている。	Bを参照し、入れるべきキーワードや内容を例示する。

「自分の未来のあり方」について、「どのようなことを書けば『正解』なのか」と混乱し、答えが書けなくなる生徒も多い。本来、学習は「正解」のために行うものではないが、受験やテストを意識している生徒であれば、「正解」がゴールとなってしまうこともある。

　そこで、ルーブリックを提示する。多様な意見があって良いこと、条件が満たされていることが重要であることを伝えることで、グループで共有した自分の意見に自信を持たせ、修正を加えながら、生徒のより深い「考えの形成」を促すことができる。

第二時　ワークシート

課題

事例	オルカ	イルカ	象
根拠となる文			

本時のまとめ

授業活用のポイント

第二時で用いるワークシートである。教科書に線を引く活動と連動することを意識して、シンプルなつくりを目指したが、あえて「友達の意見」の覧をつくっていない。「メモ」を習慣づけさせたいからである。グループで共有する際、「友達の意見」をメモできている生徒は多いに褒め、クラスに「メモ」の空気をつくってほしい。

↑
109〜111ページのデータのダウンロード用QRコード

作られた「物語」を超えて

「抽象」と「具体」の関係に着目し、論理の展開を捉える

古川 理彩

自分勝手な独りよがりな誤解に固執して物事を見るのではなく、常識を疑ってみること、相手の立場に立って考えることが新しい世界観を立ち上げるための鍵である――「作られた「物語」を超えて」は、「物語」というキーワードを基に、そうした筆者の主張が述べられている。ゴリラについての個別の問題から、言葉をもつ人間社会の問題へと論理を展開させており、説得力のある文章にするための論証の工夫を学ぶことができる。

また現代は、グローバル化が進み、多様な価値観や情報があふれている。本教材は中学校の最終学年である三年生の説明的文章（論説文）であり、こうした社会を生きていく生徒たちの思考の幅を広げ、多くの情報の中から真実を知ろうとする態度を育てることにもつながる。これまでに身につけた読みの力を生かして、自分の立場を明確にしながら筆者の主張や論理の展開を評価できるようにしたい。

単元目標達成の授業導入ポイント

この単元は、中学校最終学年である三年生が、筆者の主張や論理の展開について捉えることを目標とした論説文である。

キーワードとなるのが、論説文のタイトルにもある、かぎ付きの「物語」という用語だ。本来は「作者の見聞または想像を基礎とし、人物・事件について叙述した散文の文学作品」（参考『広辞苑第六版』岩波書店）といった意味をもつが、ここでは「都合よく解釈された」「印象を基に勝手に作り出した」、「誤解」の考え方といった意味をもつ。そうした「物語」がどのように作られているのか、筆者の専門であるゴリラの事例を通して、わかりやすく説明されている。

この論説文における「物語」の使い方や、効果について考えることで、筆者の問題意識を捉えていきたい。

課題「学習の手引き」

1　筆者の問題意識を捉えよう。

問い⑴　この文章では、「物語」という言葉を、どのような意味で用いているだろうか。文章に即して読み取ろう。

→人間が、自分たちにとって都合のいいように解釈した結果、作り出されたイメージ。

問い⑵　次の点について、筆者の説明の要旨を捉えよう。

・ゴリラについて作られた「物語」とはどんなものか。また、それは、どのような経緯で作られたのか。

→・凶暴で好戦的な動物だという「物語」（十九世紀の探検家）。

・暴力の権化、戦い好きな怪物だという「物語」（映画を観た人々）。

構造と内容の把握

本教材の題名にもある「物語」は、筆者の問題意識の中心であり、重要なキーワードである。ここでは辞書そのままの意味では用いられていないため、読者に注意を促すために「　」を付け、第一段落で言葉の定義をしている。本文中における「物語」という言葉の意味を捉えるためのヒントとなるのが、「いわば、人間が作った『物語』である。」という一文である。言い換えを示す副詞「いわば」の前の一文の内容をまとめさせると良い。

また問い⑵の筆者の説明の要旨を捉えるためには、文章構成と各段落の役割に着目することが必要である。序論（一段落）で示された「話題」について詳しく説明するために、本論1（二段落〜七段落）でゴリラの事例が展開されていることを捉えさせる。その際に導入として、実際にゴリラのドラミングの様子を、ＩＣＴを活用しながら見せる。そうすると、探検家たちが抱いた誤解と自分の意見とを重ねながら読みを深めることができる。

さらに、「物語」の経緯を説明する時には、「いつ」「どこ」「誰」「何」「どうした」を明確にできるよう、繰り返し丁寧に読んでいく。それぞれ適切な字数をあらかじめ伝えておくことで、端的にまとめられるようにしたい。

課題「学習の手引き」

2 筆者の主張と論理の展開を捉えよう。

問い(1) 筆者は、ゴリラなど野生動物の事例から、人間に共通するどんな性質を導き出したか。また、その性質は、人間の社会にどんな状況をもたらすと考えているか。

↓ [人間に共通する性質]
ある印象を基に「物語」を作り、それを仲間に伝えたがる性質。

↓ [社会にもたらす状況]
互いに相手を悪として自分たちに都合のよいように作り上げられた「物語」が独り歩きすることで、敵対意識が増幅され、民族間や国家間の争いを招いて、大きな悲劇に発展する。

一段落では、人間の野生動物に対する誤解が悲劇をもたらすことがある、という話題提示がされている。その具体例が、ゴリラのドラミングの事例(二〜六段落)である。本来ドラミングには、自己主張・呼びかけ・不満・誘いかけなどの意味がある。それが十九世紀の探検家たちによって、「ゴリラは好戦的で凶暴」という誤解(=物語)が生み出され、悲惨な運命をたどることとなったのである(七段落)。

そうした悲劇をもたらす背景に何があるのか。言葉の発明によって人間は、「自分が体験したことを語る」ことができるようになった一方で、「自分の体験を脚色したり誇張したりする」こともできるようになった(八段落)。そうした「人間に共通する性質」が誤解(=物語)を生み、人間社会にも悲劇をもたらすこととなった。

八段落以降、ゴリラの事例から人間の事例に一般化され、本論2として話が展開していることを理解することで、筆者の主張を捉えさせたい。そして、人間の社会にもたらす状況を、ゴリラにおける悲劇と対比しながら丁寧に読み取っていく。

つまずきポイント「言葉の使い方」

本文中の「物語」の言葉の意味について確認したい。そのために、一般に「物語」という言葉がどのような意味や文脈で使われているのかを辞書を引いたり、新聞や本の用例を参考にしたりして確認する。辞書的な意味は、「作者の見聞または想像を基礎とし、人物・事件について叙述した散文文学作品。」(参考「広辞苑 第六版」岩波書店)とある。学校図書館に複数の辞書がある場合には、どのような共通点・相違点があるかそれぞれ確認し、言葉を広げていく。そのうえで、筆者の使い方(人間が、自分たちにとって都合のいいように解釈した結果、作り出されたイメージ)と比べていく。

課題「学習の手引き」

3　筆者の主張と論理の展開を捉えよう。

問い(2)　筆者は、作られた「物語」を超えて真実を知るためには、どうすべきだと主張しているか。要約しよう。

→自分勝手な独りよがりな解釈を避け、常識を疑い、自分を相手の立場に置き換えて考えてみる視点をもつことが重要である。

問い(3)　問い(1)(2)を踏まえ、ゴリラなど野生動物の事例から、筆者の主張に至る論理の展開を説明しよう。

→①ゴリラのドラミングに関する事例
②人間の性質
(問題の一般化)
③筆者の主張
(相手の立場に置き換えて考える視点の重要性)

精査・解釈

論説文は序論・本論・結論で構成され、筆者の主張が結論部分に書かれることが多い。こうした文章構成を意識し、筆者の主張が書かれた箇所に線を引きながら内容を捉えていく。

作られた「物語」にとらわれないための心構えとして、筆者が述べているのが次の一文である。

「『物語』の真実を知るためには、その人々が暮らしている文化や社会をよく理解することが必要であろう」(十一段落)

つまり、文化や社会を理解することは言語や価値観、考え方を理解することであり、それが「相手の立場に置き換えて考えてみる視点」につながるのである。

こうした筆者の主張と論理の展開を捉えるには、図を基に本論(具体)と結論(抽象)の関係を対応させると良い。

具体と抽象の関係にある論理には、主に〈抽象から具体への展開〉と本単元のような〈具体から抽象への展開〉の二通りがある。「このように」や「こうした」などの接続詞に着目しながら、ゴリラの事例が抽象化されて人間の事例に話が展開していることが読み取れるようにしたい。

つまずきポイント
「問題意識」の捉え方

説明的な文章の内容を理解するためには、筆者の問題意識(話題)を捉えることが必要となる。そこでまず、「要旨」・「要約」について確認したい。目的に応じて、文章の内容を短くまとめる「要約」をするためには、文章の核となるキーワードや中心となる文に注目すると良い。一方で、キーワードが何かを捉えるのが難しい生徒もいる。その場合には、文章中に何度も出てくる表現を探したり、例文は省いたりすることで「読み」を促進していく。

本単元では、ゴリラの事例(具体)から、言葉をもつ人間社会の性質(抽象)へと展開していることに気づかせたい。

課題「学習の手引き」

4　筆者の主張と論理の展開を評価しよう。

問い⑷-①　自分の体験や見聞きした事例を根拠にして、筆者の主張に共感できるか否かをグループで話し合おう。

↓（例）筆者の主張に共感する。私たちは普段、物事のある一面だけを見て全てを知っているように感じてしまうことがある。例えば、テレビやインターネットである有名人が「炎上」した場合、その言動ばかりがクローズアップされ、そこに至る本人の意図や背景は取り上げられていないと感じる。これも作者の言う「物語」ではないだろうか。一見正しいことに見えても、自分を相手の立場に置き換えて考えてみる視点をもつことが大切だ。

考えの形成、共有

読み取ったことを基に日常生活を振り返り、自分の考えをまとめる。

筆者の主張に対して、ただ賛成や反対をするのではなく、自分の体験や見聞きした事例を根拠として、考えをまとめられるようにしたい。

観点として、〈日常生活で人と関わる場面〉、〈テレビやインターネットなどメディアを通して情報を得る場面〉、〈SNSを使う場面〉などを事前に提示しておくと良い。自分の体験を想起するのが難しい場合には、根拠となる資料や情報を本やインターネットで調べても良い。

根拠をふまえて自分の考えをまとめたら、四～五人程度のグループになり、筆者の主張に共感できるか否かについて話し合う。なかなか話し出せない生徒には、次のようにモデルとなる話型を示す。

・「私は、（　）の観点からは、筆者の意見に共感（できる／できない）。なぜなら、（自分の体験・見聞）だからだ。」

話し合いを通して、筆者が伝える〈相手の立場に立って考えてみることの大切さ〉を実感できるようにしたい。

「自分の考え」形成の指導ポイント

多様な観点が生まれ、主体的に話し合いに参加できるようにするためには、事前に次のような準備をしておくと良い。

①第一時や第二時の授業の中で疑問に思ったことや共感したことを書き留めておく
②複数の資料を配布し、自分の考えと近いものを探せるようにする
③インターネットで似た内容のニュースや記事を探しておく

こうした工夫をすることで、自分の体験を想起できない生徒も、多様な発想が出るようになる。自分の立場や根拠を明確にしながら、自分の考えを他者に伝えることができるよう工夫することが重要である。

5 筆者の主張と論理の展開を評価しよう。

問い(4)-② 次のような観点で、筆者の論理の展開を評価し、根拠を明確にしながら、考えたことを文章にまとめよう。

・主張に至る論理の展開は、わかりやすく適切か。
・読み手の共感を得るのに有効か。

↓［肯定例］
筆者はゴリラの事例を通して、人間の自分勝手な「物語」がどのように作られ、どうすれば誤解が解けるのかを分かりやすく説明している。自分の説明する内容に合った事例をもとに主張を述べているため理解しやすく、人間社会での事例もわかりやすいと感じた。

グループでの話し合いをもとに、自分の考えをまとめる場面である。

あらかじめ〈本文の該当箇所の表現を引用する〉、もしくは〈本文の該当箇所を要約した文章を入れる〉などの条件をつけておくと、明確な根拠に基づいた評価にすることができる。

また、筆者の論理の展開を図示したワークシートなどを参考にしながら考えをまとめるのも良い。そうすることで、原因と結果、意見と根拠、具体と抽象などの関係に着目でき、それらが文章の中で無理なく結び付いているか確かめることが可能となる。

なかなか書き出せない生徒には、次のようなモデルとなる文型を示しておく。

「本文の(引用・要約)部分が、(観点)の点で、適切／不適切だと思った。」

また、早く書き終わってしまった生徒には、肯定的な評価と否定的な評価の両方を書かせたい。ある一つの方向から固執して物事を見るのではなく、別の方向から物事をみるべきであるという筆者の主張を実感的に捉え、自分の考えを広げられるようになる。

「熟考・評価」形成の指導ポイント

筆者の論理の展開を評価する際、次のような評価の観点をあらかじめ示しておくと良い。

□展開のわかりやすさ
・複数の事例や根拠を基に意見や主張を述べているか。
・意見や法則を示した上で具体の説明をしているか。
・説明する概念に合った事例か。

□展開の適切さ
・意見と根拠のつながりが明確か。
・原因と結果のつながりが明確か。

□共感のしやすさ
・客観的な事実や信頼性の高いデータを示しているか。

「読みの三層」ルーブリック

	教材の課題	A　十分達成している	B　おおむね達成している	C　達成していない
構造と内容の把握	本文全体の内容を理解し、筆者の問題意識を捉えよう。	・ゴリラについて作られた「物語」がどのようなものか、それがどのような経緯で作られたのか、筆者の問題意識を捉えている。	・ゴリラについて作られた「物語」がどのようなものか、筆者の問題意識を捉えている。	・ゴリラについて作られた「物語」が何か、捉えられていない。
	学習者の具体像・具体的な文や言葉の抜き出し	・人間が都合のいいように解釈した「物語」は悲劇をもたらすという問題。 ・自分勝手な独りよがりな解釈を避け、自分を相手の立場に置き換えて考えてみる視点をもつことが重要。　等	・人間が作り上げた「物語」によって、ゴリラは凶暴で好戦的な動物だと考えられるようになった。 ・人間は自分たちが作り上げた「物語」を真に受け、反対側に立つことをしない。　等	・人間は、自分たちに都合のいいように解釈した「物語」を作っている。　等
精査・解釈	筆者の主張と論理の展開を捉えよう。	・本文における「ゴリラの事例」(具体)から「人間に共通する性質」(抽象)が取り出されていることを理解している。 ・ゴリラの事例と人間社会の話に着目して、具体と抽象の関係を理解し、ワークシートに図式化している。	・具体と抽象の関係を理解し、筆者の主張を捉えている。 ・論理の展開を図式化したワークシートに、本文の内容を当てはめている。	・具体と抽象の関係のみ理解している。 ・筆者の主張が何かを理解している。
	作成したワークシートなどを基に、この文章を解釈・理解できているかについて、全体像を理解しているか把握する。			

ルーブリックと学習活動

上の表が学習を振り返るために用いるルーブリックである。第一次はノートと観察、第二次・第三次はワークシートとノート、観察を基に評価を行う。

第一次では、本文全体の内容と筆者の主張を正しく理解できるようにしたい。ゴリラの事例をふまえて、筆者の主張を捉えられているかを確認する。

第二次では、具体と抽象の関係をふまえながら、論理の展開を捉えていく。筆者の問題意識が出された後、ゴリラの事例を抽象化して主張が述べられている

「読みの三層」ルーブリック

	教材の課題	A　十分達成している	B　おおむね達成している	C　達成していない
考えの形成、共有	筆者の主張と論理の展開を評価しよう。	・筆者の主張をふまえ、自分の体験や知識を根拠としながら自分の意見をまとめている。 ・客観的な事実やデータを基に、筆者の主張と関連付けながら自分の考えをまとめている。	・複数の根拠や事例を基に、自分の意見をまとめている。 ・意見と根拠が結び付いているか考えながら、自分の考えをまとめている。	・筆者の主張に共感できるか否かについて話し合っている。 ・一般化するには事例が不足している。
	作成したワークシートなどを基に、論理の展開を理解しているか把握する。	(例) 筆者の主張に共感する。私たちは普段、物事のある一面だけを見て全てを知っているように感じてしまうことがある。例えば、テレビやインターネットである有名人が「炎上」した場合、その言動ばかりがクローズアップされ、そこに至る本人の意図や背景は取り上げられていないと感じる。これも作者の言う「物語」ではないだろうか。一見正しいことに見えても、自分を相手の立場に置き換えて考えてみる視点をもつことが大切だ。 ・「自分を相手の立場に置き換えて考える」 ・「物事のある一面だけを見るのではなく」 ・「自分の常識を疑って見る」などの言葉が入っていると良い。	・「筆者の言うように」 ・「相手の立場」 ・「別の立場から見る」 等	・「立場」 ・「置き換えて考える」 ・「物語」等

かを理解させたい。

具体と抽象の用語については、次のように説明する。

【具体】……性質や意味など、形のないものを具体例で示すこと。

【抽象】……複数の具体例から、共通する意味や性質、傾向を取り出すこと。

第三次では、自分の体験や知識を基に、評価を行っていく。

授業で使える！ 思考ツール①

<table>
<tr><th colspan="3">段落</th><th>取り上げられている事例</th><th>筆者の考え</th></tr>
<tr><td>序論</td><td>話題提示</td><td>一</td><td>野生動物に対する誤解</td><td>〈筆者の問題意識〉

人間が都合よく作り上げた「(物語)」は、動物たちに大きな悲劇をもたらす。</td></tr>
<tr><td rowspan="6">本論1</td><td rowspan="6">話題提示を受けての抽象化（ゴリラの具体例）</td><td>二</td><td rowspan="4">【ゴリラについての具体例】

□ゴリラの「ドラミング」
・探検家たちの解釈
……(戦い)を宣言している

□ゴリラをモデルにした映画
「キング・コング」の製作
・作られた「物語」
……(暴力)の権化
戦い好きな怪物</td><td></td></tr>
<tr><td>三</td><td rowspan="3">調査の結果、このイメージは(人間)によって作られたもので、大きな(間違い)であることがわかった。</td></tr>
<tr><td>四</td></tr>
<tr><td>五</td></tr>
<tr><td>六</td><td rowspan="2">□ゴリラの悲劇
・(ハンター)たちの標的になり、多くのゴリラが命を落とした。
・(動物園)に送られた。
・頑丈な檻の中に鎖でつながれた。</td><td rowspan="2">人間が「(物語)」を作り出したことによって、ゴリラが(悲惨)な運命をたどることになった。</td></tr>
<tr><td>七</td></tr>
<tr><td rowspan="3">本論2</td><td rowspan="3">本論1を受けての一般化</td><td>八</td><td>【人間の言葉の性質】
・自分が(体験)したことを語る性質
・自分の体験を(脚色)したり(誇張)したりする性質</td><td>人間には、ある印象を基に「(物語)」を作り、それを仲間に(伝えたがる)性質がある。</td></tr>
<tr><td>九</td><td rowspan="2">【人間の社会における悲劇】
・誤解から生まれたうわさ話が、誇張されて伝わる
・ルワンダやコンゴの紛争</td><td rowspan="2">人間は「(物語)」を真に受け、(反対)側に立って自分たちを眺めない。</td></tr>
<tr><td>十</td></tr>
<tr><td rowspan="2">結論</td><td rowspan="2">筆者の主張</td><td>十一</td><td rowspan="2">言葉の長所
…話を作り、伝える能力</td><td rowspan="2">作られた「(物語)」にとらわれないために、
・自分勝手な独りよがりな解釈を避け、(常識)を疑うこと

・自分を(相手)の立場に置き換えて考えてみる視点</td></tr>
<tr><td>十二</td></tr>
</table>

授業活用のポイント

まず、話題の提示が行われている第一段落が序論、話題について詳しい説明が始まる第二段落以降が本論、筆者の主張が書かれているのが結論、と本文が大きく3つに分けられていることを捉えさせる。

各段落の役割を捉えた後、ゴリラについての「物語」の中身や、「物語」が作られた経緯、観察からわかったことについて、本文を丁寧に読ませる。

本文の構成や内容を表で捉えることによって、筆者の問題意識を正確に読み取ることにつながっていく。

授業で使える！ 思考ツール②

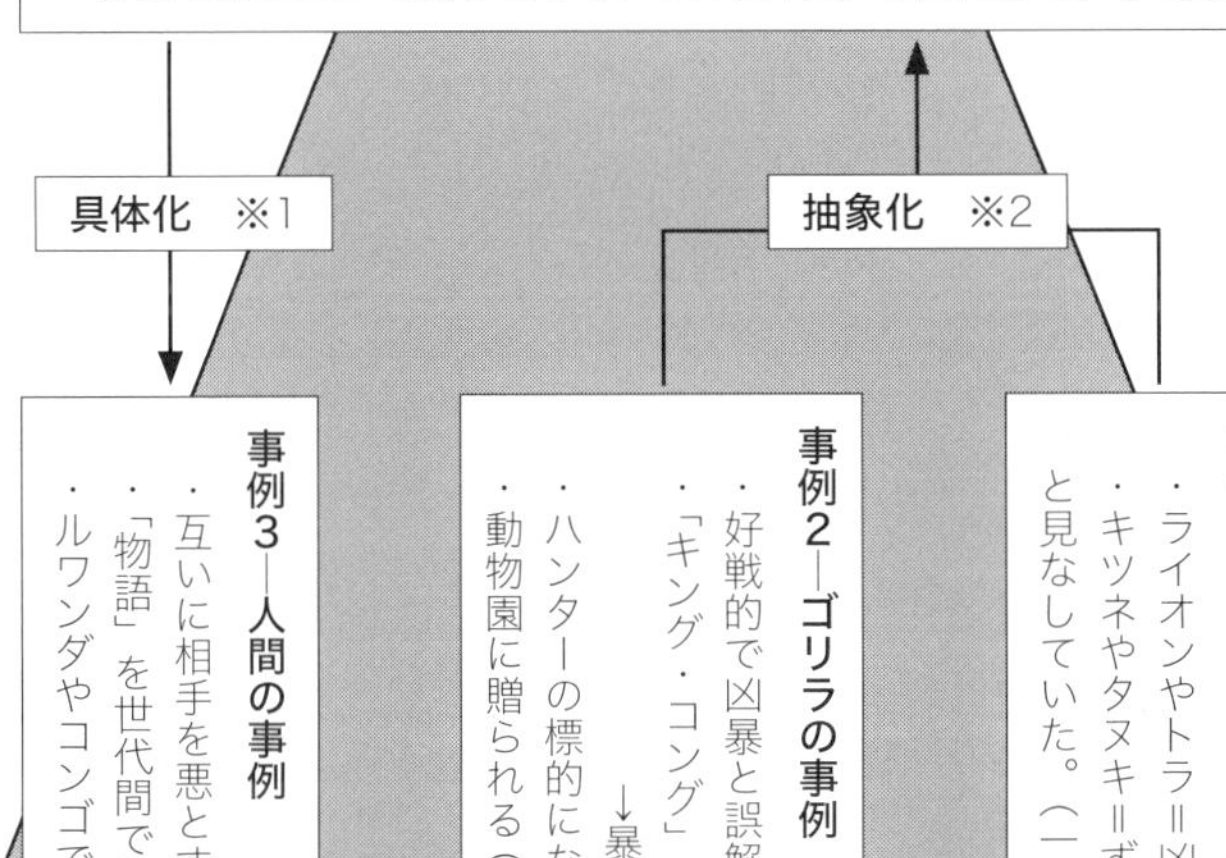

授業活用のポイント

筆者の主張に至る論理の展開を説明する場面で用いる。文章全体の構成を図示化することで、具体と抽象の関係がどのように結び付いているのかを捉えることができる。

形式段落を示すことで、文章中のどの部分と関連づけられるのかを考えられるようにしたい。

↑
118〜121ページのデータのダウンロード用QRコード

幸福について

文章を読んだり、議論したりして考えを深める

内川 美佳

本教材のねらいは、論理的な思考、論理的な議論の仕方を学ぶことにある。それぞれの登場人物が、「幸福について」どのように考えを深めているか、どのように議論しているかに着目し、自分自身の「思考」や「議論の仕方」に結びつけられるかが鍵となる。対話形式をとっていることで、学習者が比較的抵抗なく読めるように見えるが、読みの目的を明確に示さないと、役割読みや役割演技で登場人物の意見を表面だけなぞって終わりかねない。一人一人の登場人物が、なぜそのような発言に至ったのか、そのきっかけや経緯を探ることで「論理的な思考」とはどのようなものか、また、三人のやりとりから、「正しい考えを求める共同作業」としての議論の進め方に必要な技術とは何かを考えさせる必要がある。登場人物の「思考」や「議論の仕方」を吟味し、それらを客観的に捉えることで、自分自身の「思考」や「議論の仕方」につなげていくための教材である。

単元目標達成の授業導入ポイント

中学生ともなると、学校生活を中心に多くの話し合いの場面を経験している。クラスのレクリエーションで行う競技を決めるのに、それぞれが自分のやりたいものを主張するだけで話し合いがまとまらず、結局多数決というのはよくある話である。

では、なぜそのようなことになったのか、話し合いがうまくいかなかった原因を振り返らせたい。それを踏まえ、よりよい話し合いの仕方を自分事として考えられるようにすると、「議論の仕方」の理解が本単元の一つのゴールであるとイメージしやすくなる。

また、議論の仕方を踏まえて幸福について話し合うことを伝えておくことにより、三人の登場人物とともに「幸福」や「幸福感」について考えることができ、学習者自身が自分の考えをもつことにつながる。

課題「学習の手引き」

1 「カイ」「トッポ」「グー」の三人の「幸福」についての考えを理解するために、三人一組になって、「カイ」「トッポ」「グー」のせりふを分担して演じてみよう。

①議論の第一場面では、自分が演じた人物は「幸福」についてどのように考えているだろうか。

〈解答例〉

【カイ】
お金がなければ幸福は手に入らない

【トッポ】
幸福とは喜びを感じること

【グー】
考えは述べていないが、二人の話を受けて「どうすれば幸福になれるか」と「幸福とは何か」の論点が混ざっていることを指摘している。

構造と内容の把握

役割を分担して読むと、全体を通して読むより、それぞれの登場人物の考えや議論の中での役割が明確になる。「てびき」1の①では、「自分が演じた人物は」となっているが、あえてすべての登場人物を演じさせる。道徳では、しばしばロールプレイを用いるが、それは双方の役割を体感し、それぞれの立場や気持ちを理解するためである。同様に三人それぞれの役割を演じると、「カイ」自身、「トッポ」や「グー」から見た「カイ」というように、同じ登場人物を多面的に見ることができる。その登場人物が議論の中で果たす役割を体験的に理解しやすくなる。

第一場面で「グー」は「幸福」について自分の考えを述べていないため、①で一番解答しにくいのは「グー」である。「カイ」や「トッポ」の立場を演じていると、「グー」が論点を整理しているという議論の中での役割が理解しやすいが、「幸福」についての考えは見えにくい。「グー」の役割を演じることで、「グー」は「幸福」については述べていないことが理解しやすくなる。

役割を分担して読んでも、解答することが難しい学習者に対しては、「幸福」について どのように考えているだろうか。」と問われていることから、「幸福」という語に着目して考えるよう促すと良い。

課題「学習の手引き」

②議論の第三場面では、自分が演じた人物は、「幸福」と「幸福感」についてどのように考えているだろうか。
〈解答例〉
【カイ】
幸福と幸福感が違うことはあるかもしれない
【トッポ】
幸福と幸福感は同じ
【グー】
幸福と幸福感は違う
③自分が演じた人物の考えの深め方や議論の仕方について、気づいたことを伝え合おう。
〈解答例〉
省略
ルーブリック参照

②では第三場面を取り上げているが、第二場面の「グー」の発言を十分におさえておく必要がある。「グー」の発言が、「幸福」と「幸福感」は同じものか否かという新たな議論のきっかけとなっているからである。「私」のナレーション部分にもあるように、学習者の多くも「幸福は気持ちの問題だということを前提に」読んでいる可能性が高い。第二場面の読みをおろそかにすると、第三場面の「幸福」と「幸福感」、「客観」と「主観」の違いが理解できず、第四場面で展開される会話の意味が理解できなかったり、本教材の主たる目標である「自分の考えをもち、議論の仕方を踏まえて話し合う」ことにつなげられなかったりする。

③の「考えの深め方」については、登場人物の考えを時系列で整理していくと考えの変化（変化していないことも）が捉えやすくなる。「議論の仕方」は、「カイ」が「例えば」を多用していることや、「トッポ」の発言の終わりに「?」が多いことに着目させたり、誰のどの発言から話の流れが変わっているかを考えさせたりすると一般化しやすくなる。

生徒のつまずきポイント

「幸せって気持じゃないの?」「気持ちでしょ。」

すべての学習者が「幸福」=「幸福感」と捉え、第二場面の「グー」の発言の意味を理解するのに時間を要した。第四場面でも、「幸福」が主観か客観で議論になっているが、多くの中学生は「幸福」=「幸福感」として捉えているようである。そのため、ナレーション部分の「幸福は気持ちの問題だと言うことを前提としている。」を読んでも腑に落ちないのである。また、学校生活において「前提を疑う」という機会はほとんどない。

「グー」の発言を理解できるか否かがこの単元の鍵ともいえる。

2　この文章に示されている「議論の仕方のだいじな技術」をみよう。

〈解答例〉

・論点を整理して、一つずつ議論すること。
・たとえたり具体例を出したりして説明すること。
・議論する順番を決めること。
・議論の前提を疑うこと。
・抽象的な言葉に置き換えてまとめること
・わからないことを聞き返して確認すること。
・納得できる意見があれば、考えを変えても良いこと。
・何が正しいのか分からなくなったら、迷っても良いこと。
・暫定的な結論を出して、議論を中断しても良いこと。

精査・解釈

「てびき」のこの設問の解答は、脚注の「ポイント」①〜⑥に整理されているため、要領のよい学習者であれば本文を読むことなく、すぐに解答できてしまう。ただし、ポイントだけを列挙しても表面的な理解に終始し、実の場面で活用できる技術にはならない。本文に立ち返って、それぞれの発言が議論において、どのような役割を果たしているかを部分、全体で確認し、俯瞰的に捉えることが必要となる。

例えば、「ポイント①」に示されている「グー」の「ちょっと待って。」だけでは論点を整理している発言とは言えない。その後の、「幸福って何だろうという話と、どうすれば幸福になれるのかという話が交ざってない？」という投げかけにより論点を整理するきっかけをつくっている。また、これが「ポイント③」の議論する順番を決めることにつながるため、部分ではなく、少なくとも段落の中での役割を捉える必要がある。

「ポイント」を列挙した学習者に対しては、『ちょっと待って』が論点を整理する言葉なの？」「論点を整理するって、具体的に何を整理したの？」など、本文中での「グー」の発言から、議論の中で論点を整理するという視点や、実際の整理の仕方を捉えさせると良い。

特に、議論の仕方の技術は、ナレーション部分で整理されている。「ポイント」や「言葉の力」で整理されていることを本文から考えさせる場合には、ナレーション部分に着目させると良い。

考えを深めるときに注意すること

○論点を整理し、何から考えるべきかを決める。
（ポイント①、③）
○前提となっていることを疑ってみる。
（ポイント④）
○具体例は抽象化して言い換えたり、抽象的なことは具体例を用いて説明したりしてみる。
（ポイント②、⑤、⑥）
○自分の考えにこだわらず、異なる立場からも検討してみる。

さらに、本文から考える場合は、ナレーション部分を手がかりにしながら会話文に戻ったり、繰り返し出てくる語や記号、接続表現を意識させたり方法もある。「カイ」の「例えば」からは、抽象的なことを具体的に説明していること、「トッポ」の話の終わりに出てくる「？」からは、分からないことや疑問に思ったことをそのままにせず確認していることが読み取れる。「でも」や「じゃあ」といった接続表現は、話の展開を変えるきっかけとなっていることがわかる。部分だけを読むのではなく、部分と全体を往還し、一般化しながら議論に必要な技術を考えることが重要である。

また実際の議論に入る前に、論理的に議論を進めるときの技能を整理しておく。「ポイント」や「言葉の力」を活用しつつ、本文中の会話文から、実際の使用場面を考えたり、それらを一般化したりする。使用場面は、実際の議論につながるため、グループワークなどで、学習者にじっくり考えさせる。太枠内の「議論の技術」は一般化する部分であるため、無理に全員に取り組ませず、最後に教師が提示しても良い。

議論が「苦手」な生徒には

議論が不得意な学習者の多くは、話すことよりも、むしろ聞くことができていないことが多い。話のやりとりの基本は、相手の話を聞くことにある。

ここで示されている「議論の仕方の技術」も、全て相手の話を聞いていないと生かすことができないものである。一見、相手の話を聞かずに自分の主張を繰り広げているように見える「トッポ」も、「カイ」の発言に疑問を投げかけ、その都度話の内容を確認している。「トッポ」のように相手の話を別な言葉で言い換えて確認したり、相手の話で不明確な部分を質問したりすることを、日常的にトレーニングしておくと良い。

3　2でまとめた議論の仕方を踏まえて、幸福について話し合おう。その際、議論とは対立を乗り越えて「正しい考えを求める共同作業」だと言うことに注意しよう。

〈解答例〉

《三人の議論の続きをした例》

A　人それぞれっていうけど、同じ人でもそれぞれじゃないかな。

B　確かに、同じ一個のケーキでも満腹のときには幸せに思えないかも。

C　タイミングによりそうだね。

D　でも、嫌いなものはいつも食べたくないよね?

C　死にそうなくらいおなかがすいてても?

D　それは……たぶん?

考えの形成、共有

この設問は、本単元の学習目標である「文章を読んで自分の考えを持ち、議論の仕方を踏まえて話し合う。」ことをねらっている。

解答例には、「三人の議論の続きをした例」と「幸福について別の観点で議論した例」が示されているが、テーマについて考えを形成する時間が確保できない場合や、自分の考えを表出することに抵抗がある学習者が多い場合には、前者が取り組みやすいであろう。

いずれで行う場合も、2の「議論の仕方のだいじな技術」を板書するなどして、学習者が議論の途中でも確認しながら取り組めるようにしておく必要がある。

①三人の議論の続きをする場合

学習者がそれぞれの登場人を演じる形をとり、それぞれの考え方や役割を確認してから議論を進めるようにする。役になりきることで、「グーであれば、ここで議論を止めて論点を整理するのではないか。」等、議論の仕方を意識して話合いが進められる。また、「幸福について」という哲学的なテーマについて、自分の考えをまとめられない、自分の考えを表現したくないとう学習者も取り組みやすくなる。

三人の議論の続きをする場合の板書例

登場人物の考えと役割

	カイ	トッポ	グー
幸福は	お金がなければ手に入らない	喜びを感じること	
幸福と幸福感	ある程度は人それぞれだが、完全に人それぞれとは言えない	同じ	違う
役割	議論を進行 具体例の提示	積極的に発言 疑問の投げかけ	全体を見て議論を整理

《幸福について別の観点で議論した例》

A　幸福だから幸福感があるのかな。それとも幸福感があるから幸福なのかな。

B　泣くから悲しいのか、悲しいから泣くのかっていうのに近そう？

C　幸福を泣くとか笑うとかみたいなの体の働きだとしたら、間違ってないかもね。

B　じゃあ幸福を笑顔になることと仮定して、話してみようか。

A　最初のことを当てはめると、幸福感があるから笑顔になるのか、笑顔になるから幸福感があるのかってことになるね。

D　幸福感があるから笑顔になる気がするな。以下省略

②幸福について別の観点で議論する・別のテーマで議論する場合

この場合、議論の技術を踏まえつつ自分の考えを述べるため、学習者は、より実の場に近い形で学習できる。しかし、自分の意見を通そうとしたり、議論に消極的であったりするとねらいを達成する活動とはならない。学習者に、「正しい考えを求める共同作業」であることを理解させてから議論に移ることが重要である。

「共同作業」を意識させるための方法として、個人、グループの議論の技術を振り返るワークシートを事前に提示し、録音を聞きながら振り返りを行うことを学習者に知らせておくと効果的である。これは、①の場合も同様である。

別のテーマで行う場合は、本文中でも話題になった「平和」や「安らぎ」など、抽象的、かつ、学習者が捉えやすいものが良い。別のテーマで平易にする場合は、本文の「幸福」の部分をそのまま「平和」などに置き換えてせりふを考える方法もある。

生徒の声・つまずきポイント

学習者にとって、「正しい考えを求める共同作業」という概念は、理解しにくいものであるが、スポーツの「チーム一丸となって」はイメージできるだろう。全員が、ゴール（「幸福とは何か」という答えをみつける。）に向けて協力し合うことが議論である。自分の主張を押し通したり、相手の意見を否定し、論破したりするのは議論とは言えない。

設問3の学習では、事前に各グループで議論して得た答えを事後に発表する場を設定しておくと、「答えを出す」という意識がもてる。ただ、このような予告をしなくても、相手を尊重した議論ができる学習者を育てたい。

「読みの三層」ルーブリック

	教材の課題	A　十分達成している	B　おおむね達成している	C　達成していない
構造と内容の把握	「カイ」「トッポ」「グー」の三人の「幸福」についての考えを理解するために、三人一組になって「カイ」「トッポ」「グー」のせりふを分担して演じてみよう。 (1)議論の第一場面では、自分が演じた人物は「幸福」についてどのように考えているだろうか (2)議論の第三場面と第四場面では、自分が演じた人物は、「幸福」と「幸福感」についてどのように考えているだろうか。 (3)自分が演じた人物の考えの深め方や議論の仕方について、気づいたことを伝え合おう。	(1)それぞれのせりふをもとに、考えの違いを捉えている。 (2)せりふをもとにそれぞれの登場人物が「幸福」と「幸福感」をどのように考えているかを捉え、その違いを捉えている。 (3)考えの深め方と議論の仕方の両方について気づいたことをまとめ、その一部でも抽象化して述べることができている。	(1)それぞれのせりふをもとに、考えの違いを捉えている。 (2)せりふをもとにそれぞれの登場人物が「幸福」と「幸福感」をどのように考えているかを捉え、その違いを捉えている。 (3)考えの深め方	(1)せりふから考えを抜き出すことができない。 (2)せりふから考えを抜き出すことができない。 (3)考えの深め方と議論の仕方のいずれについても述べることができない。
		(1)カイはお金がなければ幸福は手に入らない、トッポは喜びを感じることだと互いに「お金」と「気持ち」と相対することを言っている。 グーは、二人の話を受けて、「幸福とは何か」という話と「どうしたら幸福になれるか」という話が交ざっていると指摘している。 (2)トッポは幸福と幸福感は同じと捉えているが、グーとカイは違うと考えている。しかし、カイは、幸福と幸福感は人によってそれぞれだが、完全にそれぞれではないところもあると曖昧なところもある。 (3)〈カイの場合〉 ・考えの深め方 最初「お金」と言っていたが、グーの論点整理によって幸福とは何かを考えるようになった。さらに、幸福と幸福感の違いについて議論する中で、それぞれ違うものと考えていたが、グーとトッポの話を受けて、主観的な部分と客観的な部分で迷いが生じている。 ・議論の仕方 論点整理を受けて、話合いの順番を決定したり、議論の方向を変更したり司会者的な役割を果たしている。 具体例を挙げて、抽象的な話をわかりやすくしている。	(1)解答例参照 (2)解答例参照 (3)〈カイの場合〉 ・考えの深め方 最初「お金」と言っていたが、グーの発言から幸福と幸福感を分けて考えるようになった。幸福と幸福感は人によってそれぞれだが、完全にそれぞれとはないと考えている。 ・議論の仕方 グーの「幸福って何だろうという話と、どうすれば幸福なれるかという話が交ざってない？」という話を受けて、「幸福とは何か」を先に考えることを提案したり、今までの話題をいったん置いておいて、幸福と幸福感は同じか違うかを話題にしたりしている。	(1)(2) ○　「幸福」や「幸福感」という言葉が出てくるせりふを抜き出してみよう。 (3) ○　せりふから、「カイ」(トッポ、グー)が考えたことを順番に整理してみよう。 ○　話合いの方向が変わった場所はどこだろう。それが分かるせりふはどれだろう。

ルーブリックと学習活動

設問1③

　設問が抽象的なため、学習者にとっては取り組みにくいものと思われる。

　まずは、気づいたことや、設問にかかわるせりふを列挙するところから始め、次に考えの深め方と議論の仕方に分類する。ルーブリックはあらかじめ学習者に提示し、分類後はルーブリックをもとに整理する。

　『まず幸福とは何かを考えるのが先かな。』と言っている。」の発言を受け、「カイは何をしたの？」などの問いかけをし、教師が抽象化する言葉を引き出していく。

「読みの三層」ルーブリック

<table>
<tr><th></th><th>教材の課題</th><th>A　十分達成している</th><th>B　おおむね達成している</th><th>C　達成していない</th></tr>
<tr><td rowspan="2">精査・解釈</td><td>この文章中に示されている「議論の仕方の大事な技術」をまとめよう。</td><td>「ポイント」「言葉の力」と本文中の言葉を結びつけ、具体的な使用場面を想定しながらそれぞれの技術を一般化している。</td><td>「ポイント」や「言葉の力」をもとに一般化している。</td><td>「議論の仕方の大事な技術」をまとめることができない。</td></tr>
<tr><td colspan="3"><table>
<tr><th>ポイント</th><th></th><th>会話文</th><th>使用場面</th><th>言葉の力</th></tr>
<tr><td>①</td><td>論点の整理</td><td>P.97L.10</td><td>議論の内容がかみ合っていなかったり、話の方向性がずれていたりするとき</td><td>1</td></tr>
<tr><td>②⑥</td><td>具体例による説明</td><td>P.97.L18</td><td>抽象的でわかりにくい話を、わかりやすくするとき</td><td>3</td></tr>
<tr><td>③</td><td>議論の順番の決定</td><td>P.98.L.5</td><td>議論する内容が複数あるとき</td><td>1</td></tr>
<tr><td>④</td><td>議論の前提を疑うこと</td><td>P.99.L.8</td><td>思い込みで議論をしていたり、議論の方向性がずれているとき</td><td>2</td></tr>
<tr><td>⑤</td><td>具体例の抽象化</td><td>P.100L.2</td><td>具体例をまとめて、議論を進めるとき</td><td>3</td></tr>
</table></td><td>ポイントから会話文に立ち返り、その発言の意図と議論の中での役割を段階的に考えさせる。
発問例
○ポイント①（②～⑥）は、どの会話文のことを言っているだろう。
○「グー」（カイ、トッポ）はなぜこんなことを言ったのだろう。</td></tr>
<tr><td rowspan="2">考えの形成、共有</td><td rowspan="2">この文章中に示されている議論の仕方を踏まえて、幸福について話し合おう。その際、議論とは対立を乗り越えて「正しい考えを求める共同作業」だということに注意しよう。</td><td>議論の仕方を踏まえ、複数の「議論の技術」を取り入れながら、相手の発言を受けて自分の考えを述べている。</td><td>議論の仕方を踏まえ、「議論の技術」のうちの一つを取り入れて自分の考えを述べている。</td><td>自分の考えを述べることができない。
自分の考えを述べているが、議論の仕方を踏まえて発言できていない。</td></tr>
<tr><td></td><td></td><td>てびき２で学習した「議論の仕方の大事な技術」のうち、取り入れられそうなものを一つ選択させて議論させる。
それでも難しい場合は、相手の話を聞いて分からないことを聞いたり、発言をそのまま問い返したりする段階から始め、話のやりとりができるようにする。</td></tr>
</table>

設問3

「正しい考えを求める共同作業」であるため、一人で全ての技術を使おうと思わずに、グループ内で役割を分担して良いことを知らせる。

議論に慣れていない学習者は、自分の考えを述べることに意識が向きがちであるため、相手の話を聞くことが議論の第一歩であることを伝え、聞くことに集中させる。その後、欲張らずに相手の話に同意する、聞き返す、質問するところからスタートし、役割を変えながら、少しずつ使う技術を増やしていく。使う技術が増えた実感をもたせ、議論への意欲につなげていく。

授業で使える！ ワークシート

ポイント	議論の技術	会話文	使用場面	言葉の力
①	論点の整理	P.97L.10	議論の内容がかみ合っていなかったり、話の方向性がずれていたりするとき	1
②⑥	具体例による説明	P.97L.18	抽象的でわかりにくい話を、わかりやすくするとき	3
③	議論の順番の決定	P.98L.5	議論する内容が複数あるとき	1
④	議論の前提を疑うこと	P.99L.8	思い込みで議論をしていたり、議論の方向性がずれているとき	2
⑤	具体例の抽象化	P.100L.2	具体例をまとめて、議論を進めるとき	3

役割	使いたい議論の技術	グループ	個人	振り返り
カイ	■議論する順番を決める	○		実際に議論してみると、自分の言いたいことをどうやって伝えるかに集中してしまい、議論の順番を決めたりまとめたりすることができなかった。 「カイ」の役を担当したので、具体例を出して説明しようと意識していたので、身近な例を探して伝えることができた。 途中、全員で例を出しすぎて話が混乱してしまったときに、鈴木さんが、「いったん例を出すのをやめて、幸福感は人それぞれなのかから考えよう。」と、話す順番を決めてくれたので、話を前に進めることができた。 次は、友達の話をよく聞いて、議論ができるようにしたい。
	■抽象的な言葉に置き換えてまとめる	○		
	□			
	■たとえたり具体例を出したりして説明する	○	○	
トッポ	□分からないことを聞き返して確認する	○	○	
	□			
	□			
グー	□論点を整理して、一つずつ議論する			
	□議論の前提を疑う			
	□			
	□			

授業活用のポイント

事前に上段の「使いたい議論の技術」に自分の役割を考えてチェックする。議論を終えた後、動画を見たり録音を聞いたりしながら、グループと個人でどの技術が使えていたかを確認する。振り返りの時間は十分に確保する。ワークシートは複数枚用意し、その都度技術を意識させる。繰り返すことで、徐々に議論の仕方が身についてくる。

↑
129～131ページのデータのダウンロード用QRコード

故事成語（矛盾）

学び方を生徒が決める「探究型漢文」協働×表現で深める

阪井 一仁

小学校五年生から、漢文の学習は始まる。漢文に親しみがある教師ほど力が入ってしまうのではないだろうか。また、漢文や古典、といった教材は「暗唱」を学習のゴールに設定されやすい。そのため、「意味を深く理解できないのに、暗唱させられる」と苦手意識を持つ子供を、多く見てきた。

教科書に記載されている漢文の指導目標を振り返ってみる。小学校の光村図書の国語教科書『国語 五 銀河』（令和三年度版）「古典の世界（二）」では、次のように設定されている。

「親しみやすい漢文を音読するなどして、言葉の響きやリズムに親しむことができる」

子どもたちは、小学校で、「漢文の意味」や「漢文の読み方」ではなく、「言葉の響きやリズム」を学び、中学校に進学する。

中学校に進学して初めての漢文となる本教材。光村図書『国語一』（令和三年度版）「今の生きる言葉」を見ると、「目標」は次のように設定されている。

単元目標達成の授業導入ポイント

故事成語は現代につながっている。しかし、それを意識して生活することは少ない。そこで、導入としていくつか元号を示す。令和、平成、昭和……。「元号がどのように決められているか」をクイズ形式で問う。元号は中国の古典（漢文）などから取られている、と答えを伝えて、タブレット端末でその意味を調べさせる。

そうした活動の後、教科書を読むと、「故事成語」が理解しやすい。

（元号の由来『　』は筆者）

・昭和：「百姓『昭』明にして、萬邦を協『和』す」より（「書経」）。

・平成：「内『平』かに外『成』る」より（「史記」及び「書経」）。

・令和：「初春の『令』月にして 気淑（きよ）く風『和』ぎ」（万葉集）。

万葉集の典拠は「仲春の『令』月、時は『和』し気は清む」（「帰田賦」）、構成は「蘭亭序」から等諸説あり。

生徒への提示例

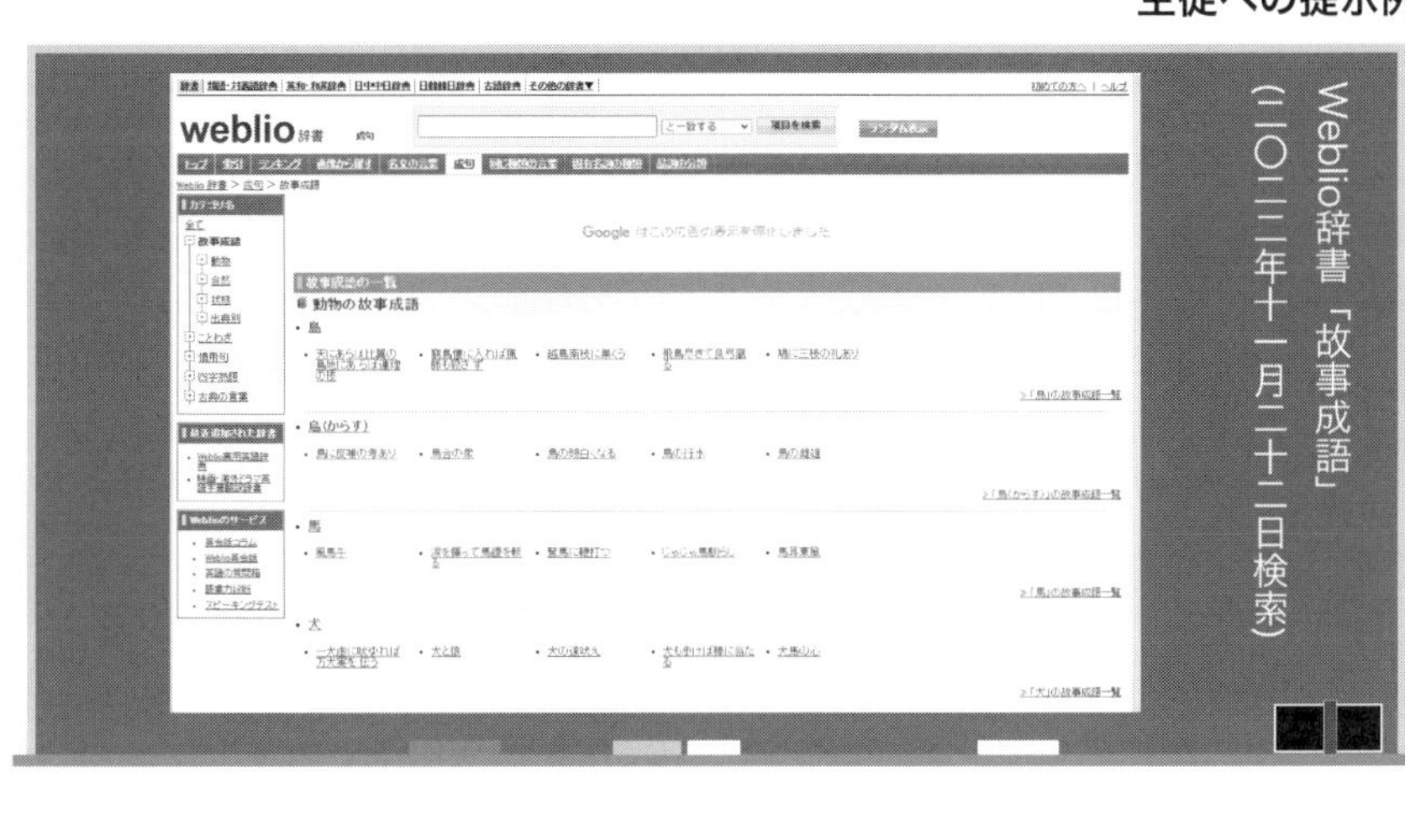

Weblio辞書「故事成語」（二〇二二年十一月二十二日検索）

「漢文を音読し、独特のリズムや言い回しに親しむ」
「故事成語について理解し、自分の生活と結びつけて考える」

「故事成語」の学習では、「漢文のリズムや言い回しに親しむこと」「故事成語を理解すること」「自分の生活と結びつけて考えること」の三点を、授業で達成する必要がある。暗唱するだけでは、漢文の目標を達成することはできない。かといって、教科書に記載されている「自分の体験文を書く」でも、特に学力が低い生徒は教科書記載の例文のような体験文が思い浮かばない、といったことは多い。

そのため、まずは「故事成語」が私たちと同様の日常から発しており、私たちが普段使っている言葉の中にも、「故事成語」と呼ばれるものが大いに含まれていることを理解させると良い。

上の画像は、インターネットで「故事成語」を調べた結果である。「犬も歩けば棒に当たる」等、「ことわざ」として知られるものも、故事成語に含まれている。「犬も歩けば棒に当たる」等、身近な例を紹介すると、親近感を持って単元に臨むことができる。また、「故事成語」は、「典拠（引用）」の慣例において、よく用いられてきた。現代の日本でも、元号の決定に見られるように、中国や日本では詩や文章の作成で「引用」が行われた。典拠を明らかにすることがこれまでの歴史や作品への礼儀である、との考えからである。授業では、サイト検索を交えて、故事成語が「現代につながる」こと、またそこには先人へのリスペクトがあり、それこそ社会で「教養」と呼ばれることを意識させると、教材に関心を持てるのではないだろうか。

課題「学習の手引き」

①漢文を音読し、独特のリズムや言い回しに親しもう。

全員で一度だけ音読する。
(その場で、感想を聞く)
・何度も読んで読み慣れる。
・リズムはいい。
・言い回し、言葉は難しい。
・漢字も難しい。
⬅
どうすれば、漢文の独特なリズムや言い回しに親しめるだろう(二個以上書く)。
・何回も読む。
・文字数を数えてみる。
・原文でも読んでみる。
・漢字の意味を調べる。
・漢文のリズムや言い回しが独特な理由をインターネットで調べてみる。

構造と内容の把握/精査・解釈

授業の実際 第一時

目標……漢文のリズムや言い回しに親しみ、単元の学習計画を立てる。

導入

教科書を開き、右下に記載されている「目標」を確かめる。教科書の故事成語の解説を黙読し、前に紹介した「元号」の具体例を挙げ、故事成語が生活に近いことを感じさせる。

「元号」に意味があること、またそれが漢籍から取られていることを知ると、「漢文を学ぶこと」の意味を理解することにもつながる。また、この活動を踏まえておくと、中学二年、三年で学ぶ「平家物語」や「おくのほそ道」の学習で、漢籍を意識して読むことに抵抗なく入ることができる。

展開

光村図書の「年間指導計画」では、本単元は全部で三時間の配当である。「漢文のリズムや言い回し」の習得は、三時間で終えられるものではないが、初読でも、「なんとなく」漢文のリズムの良さは感じ取ることができるだろう。そこで、導入の後、一度音読させる。その後、感想を聞く。もちろん、「よくわからない」といった感想も出ると思われるが、「リズムが良い」という感想が出た際、大いに褒め、「リズムが良い」と感じた理由を深める。そうすると、「どうすれば漢文の独特なリズムや言い回しに親しめるか」に学習の流れをつなげることができる。

故事成語のリズムの深め方を確認した後、単元のもう一つの目標、「故事成語と生

課題「学習の手引き」

故事成語を生活と結びつけて考えるためには、どうすれば良いだろう。

・故事成語を使って短い文章をつくる。
・故事成語×生活のスライドをつくって発表する。
・故事成語の体験について、Googleフォームで学年や学校全体にアンケートを取る。

（学習計画）
第一時：（本時）
第二時：漢文のリズムの秘密を調べる（インターネット、本、教科書）。アンケートの準備をする。
第三時：アンケートを取って結果をまとめる。
本文を読み、故事成語について理解しよう。（省略、ルーブリック参照）

活を結びつける」ことを確認して、学習計画につなげる。教科書の目標に沿いながら、「自分たちで学びを決める」ことで、主体的に授業に向かうことができ、授業に対話が生まれる。それらを通じて、深い学びを実現することができる。

教科書では、故事成語と生活を結びつけた短文をつくることとなっている。これを例示して、生徒に「何を学びたいか」問いかけ、ノートに案を書かせる。

ここでは、実際に出た例として「Googleフォーム」を活用した授業を取り上げる。意見をまとめて、学習計画を確認する。また、それをノートに記録させることで、「次の時間は何をするか」を教師も生徒も把握できる、お互いに次回以降、授業の準備や授業の導入に悩むことが少なくなる。生徒には、学習が早く終わった場合「次回の学習の予習」を促すことで、自分から学びを行う姿勢を身に付けることもできる。

時間が余ると思われるので、「矛盾」の意味調べや自分が調べたい故事成語を探させる。

誰でも五分でアンケート調査ができる!?「Googleフォーム」

Googleフォームは、Google社が提供する無料のサービス。アンケートの作成、集計が可能。回答の集計は自動で行われ、スプレッドシートにも出力できる。今回は、「アンケートをつくる」ことで故事成語の意味や使い方を知り、アンケートを集計・友達のアンケートを回答して故事成語と生活を結びつけることをねらいとしている。

教科書掲載の「文章の作成」では、「故事成語の理解」「体験の想起」、「これらを言語化する」を同時に行う必要があり、低学力の生徒には難しい。アンケートを使うと、活動を細分化できる。

②自分の生活と結びつけて考えよう

故事成語と自分たちの生活のつながりについて、アンケートを取ろう。

Googleフォームを使ったアンケート作成の方法を確認する。

(アンケート作成で入れた方が良いもの)

一、相手の情報(組、名前等)

二、自分が選んだ故事成語の意味の説明

三、同じような体験の有無について

四、自由記述覧

作成したアンケートはクラスルームに投稿。投稿した人から、友達の回答開始。

考えの形成、共有

授業の実際　第三時

目標……故事成語について理解し、生活と結びつけて表現することができる。

導入

前時で学習した故事成語の意味や秘密、自分が選んだアンケートを取りたい故事成語について振り返る。

展開

アンケートの作り方を確認する。作り方や入れるべき項目の確認が曖昧だと、「答えにくい」アンケートとなる恐れがある。ある程度、入れるべき項目を確認しておくことで、アンケート作成や回答時間を短縮しかつ、明瞭化することができる。

また、「故事成語」の意味をアンケートに記載させることで、アンケート作成者自身も、故事成語への理解をより深めることにつながる。

アンケート作成が終わった生徒からクラスルームに投稿させる。アンケートは、URLがわかれば、誰でも回答できる。あらかじめ、URLを入力するためのスプレッドシート等を作成しておくと、クラスルームでアンケートがあふれることを予防できる。

～「自分の考え」形成のために～
アンケート注意ポイント

アンケートの作成や回答を通して故事成語に対する「自分の考え」が深まることを期待しているが、アンケートの回答に時間がかかる等で、回答が十分に集まらない生徒が出てくる。また、全員の回答を待ち、次の「回答をまとめる」活動には入れない生徒も出てくる。その場合、「何人の回答を集めればOK」というように、基準をつくっておくと良い。クラスの規模にもよるが、少なくとも十件以上は回答が集まるようにしたい。回答が集まっていない生徒は、机間指導の際に見つけ、全体に向けて呼びかける。

課題「学習の手引き」

アンケートを集計して、故事成語と自分たちとのつながりについてまとめよう。

（まとめに必ず入れるもの）
・自分の名前
・アンケートを取った故事成語について（意味や使われ方）
・アンケート結果
・自分の感想、体験
・故事成語の使われ方についての自分の考え

アンケートはGoogleスライド・ドキュメントでまとめて、クラスルームの「課題」に提出する。

授業の振り返りを行う。
（教科書単元末ページの「振り返り問題」に取り組む）

まとめ

単元のまとめの活動となる。アンケートの結果をまとめる際、ただ「まとめる」の指示だけだと、「結果のまとめ」のみで完結してしまう場合がある。そのため、こちらである程度、まとめる際の項目を指定する。「言わなくてもわかる」ようなであっても、もし抜けているなどがあると、評価の際に困るため、指定しておく。

まとめ作成が終わると、全体に向けて作成した「まとめ」を発表させても良い。Googleスライドを使用して作成していれば、すぐに発表に移ることができる。また、このような「発表」を授業で取り入れるようにすると、よりわかりやすいスライド作成を意識できるようになる。

振り返り

教科書の「学習の手引き」掲載の振り返りを使用する。学習でGoogleフォームを活用したため、振り返りの問いをフォームで作成しておき、答えさせても良い。フォームで集計すると、所見でもコピー・ペーストで活用できる。手が止まっている生徒には、教科書や自分の作成したまとめを見直すように促す。

「まとめ」さらに深まる！指導ポイント

本単元は、「表現活動」を設定している。ただ文章を並べるだけでなく、重要なところを目立たせる、イラストや図を用いて自分の意見を解説する等、生徒の「工夫」は積極的に伸ばしていきたい。そのために、「工夫」を大いに褒める、評価の際の加点対象とする等、働きかける。「工夫」の習慣が身に付くと、この単元に留まらず、説明文の読解等でも「筆者の工夫」に気づくようになる。

工夫されたスライドやドキュメントは、授業の最後で発表させると、全体に「工夫」が視覚的に伝わる。それを見て、自分のまとめを修正する生徒が現れると、主体的に学ぶ学級となってゆく。

「読みの三層」ルーブリック

	教材の課題	A　十分達成している	B　おおむね達成している	C　達成していない
構造と内容の把握／精査・解釈	漢文を音読し、独特のリズムや言い回しに親しもう。 本文を読み、故事成語について理解しよう。	・漢文の独特のリズムや言い回しや故事成語について、インターネット等を使って調べ、答えを出すことができている。 ・故事成語とはどのようなものか、理解して具体例を挙げながら説明することができている。 ※漢文の言い回しについて、漢文訓読の方法にも触れてまとめていれば、加点。	・漢文の独特のリズムや言い回しや故事成語について、インターネット等を使って調べ、答えを出すことができている。 ・故事成語とはどのようなものか、理解して説明することができている。	・漢文の独特なリズムや言い回し、故事成語とはどのようなものか理解できていない。
	学習者の具体像・具体的な文や言葉の抜き出し	・五、七調のリズムが多い。 ・漢文は、原文は漢字のみで書かれているが、それを日本語として読めるようにするために訓読がある。訓読は、中国語のリズムを活かしながら日本語で漢文を読むために生まれた。 ・故事成語は、楚の国の話からきている「矛盾」のように、歴史的な事実や古くから伝えられているたとえ話、エピソードなど、故事がもとになった言葉である。	五・七調のリズムが多い。 故事成語は、歴史的な事実や古くから伝えられているたとえ話、エピソードなど、故事がもとになった言葉である。	補助発問：教科書１７０ページを音読して、「故事」と書かれている部分に線を引く。
考えの形成、共有	自分の生活と結びつけて考えよう。	・「まとめ」に①～⑤の項目が入っている。 ・自分の生活と故事成語のつながりについて、友達からの回答を基にして自分の意見を表現することができている。 ※キーワードを目立たせる等、表現の工夫があれば加点。	・「まとめ」に①～④の項目が入っている。 ・自分の生活と故事成語のつながりについて表現できていない。 ※キーワードを目立たせる等、表現の工夫があれば加点。	・「まとめ」に①～④の項目が入っていない。 ・自分の生活と故事成語のつながりについて表現できていない。 ・「まとめ」を提出していない。 ※キーワードを目立たせる等、表現の工夫があれば加点。
	「まとめスライド（ドキュメント）」のキーワード等を例示する。	①自分の名前 ②アンケートを取った故事成語について ③アンケート結果 ④自分の体験、感想 ⑤故事成語の使われ方についての考え	①自分の名前 ②アンケートを取った故事成語について ③アンケート結果 ④自分の体験、感想 ⑤故事成語の使われ方についての考え	①自分の名前 ②アンケートを取った故事成語について ③アンケート結果 ④自分の体験、感想 ⑤故事成語の使われ方についての考え

ルーブリックと学習活動

ルーブリックは、第一時終了時、または第二時開始時に配布する。

「漢文訓読」については、教科書一七四ページに記載されているが、それが漢文の「リズム」にどう影響するかまでは解説されていない。生徒がインターネットや本で調べる必要がある。

「表現の工夫」は、重要なところに線で強調する、アンケートをグラフ化する、見出しをつける等、様々な工夫が考えられる。「まとめ」作成の際に、これまで既習の「表現の工夫」を確認すると、既習事項を系統化することができる。

授業で使える！ ワークシート

質問　回答　設定

「故事成語」アンケート

フォームの説明

組*

- A
- B
- C

氏名*

記述式テキスト（短文回答）

「矛盾」について、教えてください。

「矛盾」は、「韓非子」という書物に書かれた故事がもとになっている言葉です。楚の国の人が、「絶対に突き通せない盾」と「どんなものでも突き通す矛」の二つを売ろうとして、「その矛で盾を突くとどうなるのか」と通行人に指摘されるお話です。

あなたは同じような体験をしたことがありますか。*

- ある
- ない

「ある」と答えた方、そのエピソードを教えてください。　段落

記述式テキスト（長文回答）

必須

（上記のフォームの閲覧はこちらから）

授業活用のポイント

アンケートを生徒に作成させる前に、教師が「例」を提示するのも良い。フォームでは、「必須」の部分をクリックすると回答必須の質問に変換できる。上部の「設定」の部分では、回答後の修正の可否や、回答回数等が設定できる。

操作が得意な生徒がいれば、モニターにタブレットをつないで方法を説明させると、より盛り上がる。

138〜139ページのデータのダウンロード用QRコード

平家物語

現代の「琵琶法師」になろう

―作品に表れる価値観を踏まえて朗読し、古典に親しむ―

八重柏 由佳

「平家物語」は、「竹取物語」「枕草子・徒然草」に続く古文教材である。中学校の古典入門期には、古文・漢文特有のリズムに慣れ親しむことと、当時の価値観を理解することが必要とされる。本教材は軍記であり、武士の価値観や戦乱の世を反映した無常観を基盤に描かれた作品である。現代を生きる生徒にとっては、作り物語や随筆で読み取った人間の愛情や自然・人事にまつわる価値観に比べると、自分の生活と結びつけて考えるのは難しいかもしれない。そこで、歴史の既習事項などの知識を想起しながら、当時のものの見方・考え方を客観的に理解する姿勢を意識させたい。また、琵琶法師による語りを前提としている本作品は、七五調を基本とした古典特有のリズムが心地よく、朗読に適した名文である。物語に表出する武士のものの見方・考え方を踏まえて朗読の仕方を工夫し、音読を繰り返すことで、古文のリズムを身につけながら物語を読み味わうことを目標としたい。

単元目標達成の授業導入ポイント

「琵琶法師」という語り部の存在は、中学生にとって決して身近ではないだろう。そこで、昔話「耳なし芳一」を引用して、作品との距離を縮める。

平家の落武者の怨霊が芳一にとりついたのはなぜか、という問いから、平家物語は敗者の文学で、その鎮魂のために語り継がれたという作品の性格に迫ることができる。また、実際に、ＹｏｕＴｕｂｅなどを利用して平曲の導入を聴かせることで、語りの姿のイメージを明確にもたせるのも有効だ。その上で、自分なら「平家物語」をどう語るか、という課題を提示すると良い。

また、源平の合戦は現代の生活の中にもそのイメージが息づいており、例えば小学校などで親しまれる「赤白帽」や「紅白戦」などが挙げられる。絵巻を示してそれらに触れれば、自然と生徒の興味を引くことができるだろう。

課題「学習の手引き」

1 表現の特徴に注意して「那須与一」を繰り返し朗読してみよう。①

〈注意すべき表現の特徴〉
・歴史的仮名遣い
・助詞を使わない表現
・対句表現
・七五調
・擬音語

〈読み方の工夫〉
①教師の範読に続いて斉読する。
※注意すべき表現の特徴を確認する。
②生徒のみで繰り返し読む。
③ペアを作り、本文と対応する現代語訳を交互に読む（タイマーで時間を区切りながら、適宜役割を交代する）。

構造と内容の把握

目標……表現の特徴に注意して朗読し、古典の世界に親しむ。

「平家物語」の導入としてまず「祇園精舎」を朗読することで、七五調のリズムや対句的表現といった特徴には容易に気づけるだろう。また、「諸行無常」「盛者必衰」等の語から、作品の主題である無常観を意識させることができる。

次に「那須与一」を朗読する際には、物語展開上重要な擬音表現や特徴的な音便をあらかじめ確認させておくことが重要である。文節を意識して読んだり、言葉の意味を理解した上で読んだりすることで、自然な朗読ができるようになる。その際、本文を印刷した朗読練習用シートを配付し、楽譜に書き込むように朗読のポイントをメモさせていくと、練習を重ねるごとに朗読の完成度を上げる手助けになる。

本教材に限らず、古文においては助詞の省略を意識するのは必須である。現代語訳と対応して読みながら助詞が省略されている箇所を確認したり、あえて現代語訳を示さず助詞を補わせたりすることで、その特徴を理解させたい。特に主格「の」についてはその都度確認すると良い。実際に朗読の練習をする際には、ペアを作り、本文とその対応する現代語訳を交互に読み合わせることで、内容を意識した読みを実践することができる。

課題「学習の手引き」

2 扇を射ることになった「与一」は、どのような状況に置かれ、どんな気持ちになっていただろうか。文章中の言葉を手がかりに話し合ってみよう。

〈展開をおさえる〉
①与一の言動
②状況の変化
・海と風の様子
・源氏と平氏の様子
〈表現の効果をおさえる〉
①簡潔な叙述を積み重ねる
②対句的表現
③同類の言葉の列挙
④擬音語・擬態語
※係結びの強調表現も指摘する。

精査・解釈

目標……描かれた状況や心情を読み取り、武士の価値観や生き方について考える。

扇を射ることになったいきさつは、古文の前の解説文で確認しておく。平氏の貴族的性格と、板東武者としての誇りを重んじる源氏の勇猛さが対照的に描かれていることを読み取らせたい。

与一は、郷里の神々を心に列挙し祈りを捧げ、しかもその郷里の神々に「これを射損ずるものならば、弓切り折り自害して、人に再び面を向かふべからず」と強い覚悟を述べているのである。この独白部分は与一の強い思いがはっきりと表現されているので、生徒も真っ先に指摘するところであろう。更に情景描写に着目すると、海や風の状態からは、舟の上でひらめく扇を射ることが非常に困難であることはすぐに読み取れる。与一が「扇を射よ」という義経の命令を一度断っているという解説文からも、けして自信満々に挑んだわけではないことも分かるだろう。与一を「見る」源氏と「見物する」平氏の視線からも、与一が受けたプレッシャーの強さを読み取ることができる。

以上のような描写を根拠として与一の心情を推察し、自分の考えをまとめられるように支援したい。

ワークシート作成時のポイント

今回のワークシートは書き込む量が多いこと、中学生の字は比較的大きめであることを考慮してA4サイズで作成した。通常、A4サイズ以上のワークシートはファイルに綴じて管理させている。

上下に分けて本文の描写と読み取った心情を一目で結び付ける、配置にのみ配慮したシンプルな作りだが、限られた時間の中で生徒が考える時間を確保には十分な助けとなる。生徒の実態を踏まえ、穴埋めにしたり空欄を増やしたり調整して作成してゆく。

課題「学習の手引き」

〈根拠〉
・「折節北風〜高かりけり」
・「沖には平家〜晴れならずといふことぞなき」
〈与一の心情〉
・こんなに厳しい状況で、本当に中てられるのだろうか。【不安】
・敵も味方も、皆が自分を見ている。期待の目や試すような視線を感じる。でも、逃げるわけにはいかない。【緊張】
〈根拠〉
・「南無八幡大菩薩〜外させたまふな」
〈与一の心情〉
・故郷の神々に祈り、命を懸けた誓いを立てて力を貸してもらい、やりとげよう。もしだめなら命を絶つ他ないのだ。【覚悟】

「扇も射よげにぞなつたりける」までの展開（情景描写）と、文章表現が生み出す効果の両軸で与一の心情の読解をさせたい。

まず個人での読解の時間をもたせ、グループでの検討に移る。個人で読み取る段階から、与一の心情を考える際に、本文のどの描写を根拠としたかを必ず説明できるように指導する。

「折節北風激しくて、磯打つ波も高かりけり」という一文からは、強い北風によって海が荒れており、扇を掲げる女房が乗った平家の舟が「揺り上げ揺り据ゑ」漂う様子が伝わる。馬上からこれを狙うことの難しさを、当の与一が痛感しただろうことは容易に想像できるだろう。更に、これを注視する源氏と平氏の視線の違いにも留意させたい。源氏は「見る」であり、平氏は「見物す」であるが、ここには、誇りをかけて勝負に挑む与一を見守る源氏の真剣な視線と、勝負を持ちかけた側である平氏の、あるいは試すような好奇の視線の違いが表れている。いずれの目も、与一に多大なプレッシャーをもたらしたことは間違いないと思われるが、対句的表現によってその様子が強調されて描かれていることにも気づかせ、表現の工夫が場面を読み取る根拠となることを理解させたい。

「南無〜外させたまふな」では、与一が郷里の神々を列挙していることに気づかせたい。列挙がもたらす文章の圧には、与一の必死さが強く表現されている。また「弓切り折り〜べからず」からは命がけの与一の思いが伝わるが、「たまふ」が敬語表現であることから、与一から神々への懇願という、敬意の方向も意識させると良い。

課題「学習の手引き」

3　武士の価値観や生き方とは、どのようなものだったのだろうか。「那須与一」「弓流」から読み取り、考えたことをまとめよう。

〈予想される生徒の反応〉

・将軍の命令には逆らえないという、厳しい上下関係の中で生きていた。現代でも、目上の人(先生や上司)の言葉を重く受け止めるような価値観は存在していると思う。

・人や自分の命よりも、自分や軍の名誉が大切で、重要だという価値観をもっていた。

・素晴らしく誇らしい働きや武士として名誉のあることに対しては敵味方関係なく称賛を送っている。武士はみな同じ価値観のもとで、戦っていたのだと思う。

考えの形成、共有

目標……(前回と同様)

この設問は、与一という一人のキャラクターの心情から、当時の武士全体の価値観に対象を広げた問いである。

「那須与一」においては、当然ながら、絶対的主従関係のもと、必死の覚悟で扇を射らねばならなかった与一の姿が武士の価値観を物語る。また、与一の見事な腕前に敵味方関係なく喝采を送る描写から、武士の華やかな一面も読み取れる。

一方「弓流」では、与一に対して賞賛の舞を贈った「年五十ばかりなる男」を、扇の的と同じく義経の命令ゆえに射倒さなければならなくなる。そこには、命をかけた戦いの中に生きる武士の非情さが色濃く現れている。これら本文の描写を根拠とさせながら、設問について自分なりに考えさせたい。

個人で考えを形成した後、グループごとに話し合いの時間をもたせる。ワークシートには、友人の考えを書く欄を作り、様々な見方・考え方を共有・検討し、自分の考えを練り上げるよう指導する。最終的には、二〇〇字程度の意見文として自分の考えをまとめさせる。

生徒のつまずきと話し合いのポイント

【画像・映像を活用する】

古文の情景描写から場面が想像できない生徒に対しては、教科書の当該場面の絵巻を示しながら理解を促すとよい。また、生徒の理解の段階に応じて、アニメーションやドラマのシーンを抜粋して視聴させてもよいだろう。

【話し合いのポイント】

話し合いのねらいはあくまでも個人の考えを深めることである。考えの形成が難しい生徒が他の生徒の意見からヒントを得たり、他の視点を得ることで意見が深まることが期待している。そのため、個人→グループ→個人というように、必ず個に戻して考えさせたい。

4　表現の特徴に注意して、「那須与一」を繰り返し朗読してみよう。②

2と3で読み取った内容や考察を踏まえて、よりよい朗読の方法をグループで検討し、発表する。

〈指導の手順〉

①グループで朗読の仕方を話し合う。

※4，5人程度のグループに分け、それぞれ朗読の場面を割り振る。

※適宜、手を叩くなどして音を入れてもよい。

②朗読の練習をする。

③グループごとに発表する。

最後は、物語の内容や武士の価値観について考えたことを踏まえて、よりよい朗読の仕方を考える。

第一学年では、古文を「音読」することで古文の特徴やリズムに慣れ親しむことを目標とした。それを踏まえ、今回は作品がもつ特徴的なリズムや表現などを生かして、聴衆に聞かせるために「朗読」することを意識させたい。本単元の最初の朗読では、表現の特徴に注意しながら、現代語訳を意識して練習を行っている。最後は作品を読み深めたことを反映させ、よりよい朗読を完成させたい。

また、朗読をするにあたって、強弱、速さ、高低、リズムなど発声の工夫を意識させたり、一斉読み、役割読みなど読み方の工夫を意識させたりすることで、生徒はこれまでの音読・朗読の経験を生かして読むことができる。

指導にあたっては、発表の際、朗読を披露した後、

・どのようなところを工夫したか。

・その工夫の根拠は何か。（どうしてそのように朗読したか）

この二点を必ず説明させるようにする。朗読の仕方を考える段階からこの条件を示しておくことで「なんとなく」の読みを排除し、本文に基づいた読みを徹底させることができる。

また、「古典に親しむ」という目標の達成を見取るためには、単元の初めに行った朗読①と、今回の朗読②を比較して振り返りをさせるとよい。「平家物語」の読み取りや考察、朗読を通して感じたことや考えたことを自分の言葉でまとめられることが評価の目安となる。

「読みの三層」ルーブリック

	教材の課題	A　十分達成している	B　おおむね達成している	C　達成していない
構造と内容の把握	表現の特徴に注意して朗読し、古典の世界に親しむ。 １表現の特徴に注意して、「那須与一」を繰り返し朗読してみよう。①	助詞をつけない表現や、七五調、対句、擬音語を意識して読める。また、展開にあわせて強弱や緩急などを工夫して読める。	助詞をつけない表現や、七五調、対句、擬音語を意識して読める。	補助発問・ヒント ・文節ごとに区切って読んでみよう。 ・歴史的仮名遣いのきまりを確認してみよう。 ・擬音語や対句などの表現を確認してみよう。 ・固有名詞の読みと意味を確認してみよう。
精査・解釈	描かれた状況や心情を読み取り、武士の価値観や生き方について考える。 ２扇を射ることを命じられた「与一」は、どのような状況に置かれ、どんな気持ちになっていただろうか。文章中の言葉を手がかりに話し合ってみよう。	文章中の言葉を根拠に自分の考えを形成し、他の学習者と意見を交換しながら、心情の理解を深めている。	文章中の言葉を根拠に自分の考えを形成し、他の学習者と意見を交換できている。	補助発問・ヒント ・状況の変化を表す表現を確認してみよう。 ・「見る」「見物」の違いと、その目で見られる与一の心情は？ ・教科書の解説文を振り返り、与一が一度義経の命令を断っていることを確認しよう。
考えの形成、共有	描かれた状況や心情を読み取り、武士の価値観や生き方について考える。 ３武士の価値観や生き方とは、どのようなものだっただろうか。「那須与一」「弓流」から読み取り、考えたことをまとめよう。	「那須与一」と「弓流」を読み比べ、複数の視点をもって、また自分の価値観や生活と比較したり重ね合わせたりしながら、感じたことや考えたことを200字程度の意見文にまとめられている。	「那須与一」と「弓流」を読み比べ、感じたことや考えたことを200字程度の意見文にまとめられている。	補助発問・ヒント ・「那須与一」で読み取った与一の心情や展開と、「弓流」の展開を比べて、共通する価値観を見つけてみよう。
	表現の特徴に注意して朗読し、古典の世界に親しむ。 １表現の特徴に注意して、「那須与一」を繰り返し朗読してみよう。②	本文の内容を踏まえ、表現ごとに適切に読み方を工夫して、グループで朗読することができている。	本文の内容を踏まえ、グループで工夫して朗読することができている。	補助発問・ヒント ・読み方の工夫の方法を確認する。 【強弱・緩急・一斉読み・役割読みなど】 ・体の動きを組み込む提案をする。
	【古典に親しむ態度の評価】 ・朗読の振り返り ・「平家物語」を読んで学んだこと、感じたことや考えたことを振り返る。	・①の朗読と比べて、②の朗読では、物語の展開や表現の工夫を踏まえながら、聴き手を意識したよりよい朗読ができた。 ・「平家物語」を読んで考察した武士の価値観や生き方・作品のテーマである無常観を踏まえて学びを振り返っている。	・①の朗読と比べて、②の朗読では、物語の展開や表現の工夫を踏まえながら朗読できた。 ・「平家物語」を読んで考察した武士の価値観や生き方を踏まえて学びを振り返っている。	

ルーブリックと学習活動

古文の学習の基本は声に出して読むことであり、今回の「平家物語」のメインとなる言語活動も朗読。朗読はただの音読ではなく、内容の把握や考察、表現の工夫の理解を生かす必要がある。本単元のまとめの朗読に向けて、段階的に学習課題に取り組んでいく意識を生徒にもたせたい。

朗読を通して古典に親しむという目標の達成については、二〇〇字の意見文の他、生徒の振り返りで見取ることができる。生徒が「平家物語」を読んでそれぞれ考え、感じ、発見したことの内容を確認したい。

授業で使える！ ワークシート

【文学史の確認】

「平家物語」～武士の価値観を読み解こう～

文学史まとめ

『平家物語』

ジャンル……【　　　】物語

成立　……鎌倉時代初期か。

○盲目の【　　　】が語り伝えた。（平曲）

☆「祇園精舎」重要語句の確認

○諸行無常

○盛者必衰

○歴史の流れを確認しよう。

保元の乱

・源義朝と平清盛が協力し、崇徳上皇方を倒す。

←

平治の乱

・皇室の政争において源義朝と平清盛が対立し、源義朝は倒される。

・頼朝と義経の兄弟は命を助けられた。

←

平家物語（治承・寿永の乱）

・平家の隆盛と滅亡。

・義経が率いる源氏軍に、平氏が倒される。

☆「祇園精舎」の続きから読み取れることは？

遠く異朝をとぶらへば、秦の趙高、漢の王莽、梁の朱忌、唐の祿山、これらは皆、旧主先皇の政にも従はず、楽しみをきはめ、諫めをも思ひ入れず、天下の乱れん事を悟らずして、民間の愁ふるところを知らざつしかば、久しからずして、亡じにし者どもなり。

近く本朝をうかがふに、承平の将門、天慶の純友、康和の義親、平治の信頼、これらはおごれる心も猛き事も、皆とりどりにこそありしかども、ま近くは、六波羅の入道前太政大臣平朝臣清盛公と申しし人のありさま、伝へ承るこそ、心もことばも及ばれね。

・【　　　】との関連

・【　　　】の物語であること＝「平家」の物語であること

・【　　　】表現や【　　　】調のリズムがある

→どんな効果がある？

【武士の価値観・生き方】

「那須与一」と「弓流」を読み比べ、当時の武士の価値観や生き方について考えよう。

1「弓流」で登場した平家の武士について整理しよう。

平家の武士のいでたち	
行動	平家の武士
	与一
平家の様子	
源氏の様子	

2当時の武士はどのような価値観のもと、どんな生き方をしていたのか。「那須与一」と「弓流」から読み取り、考えたことを二〇〇字程度でまとめよう。

授業活用のポイント

【文学史確認ワークシートの使い方】

次年度に「おくのほそ道」の平泉を学習することを踏まえ、「平家物語」の文学史上の位置づけについても学習しておきたい。国語便覧を使った調べ学習や教科書をまとめる学習を行い、確認プリントに取り組ませると知識の定着につながるだろう。

146～147ページのデータのダウンロード用QRコード

おくのほそ道

旅に生きた芭蕉の思いを捉えよう
―歴史的背景を踏まえて古典を読み味わう―

八重柏 由佳

「おくのほそ道」のテーマは「旅」である。実際の旅の見聞を名句とともにつづった紀行文であるが、人生そのものを旅とみなす芭蕉のものの見方・考え方は、単なる文学ジャンルに留まらない。芭蕉の抱いた「漂泊の思ひ」は、これからの人生に希望や好奇心を抱く生徒の冒険心と相通ずるものがあるだろう。

文体の格調高さは、漢文調の言い回しや、効果的に用いられる対句表現等から感じられる。漢文の学習や平家物語の学習等を想起することで、無理なく読み味わわせることができるだろう。

また、生徒はこれまでに、近代短歌や俳句、和歌について学んできている。そうした学習で身に付けたことを振り返りながら句を鑑賞し、旅の中でそれを詠んだ芭蕉の心情に迫る読みを実践させたい。

単元目標達成の授業導入ポイント

中心のテーマである「旅」から発想を広げるため、心に残る「旅」の思い出について聞いてみるのもよいだろう。家族旅行や修学旅行など、おそらく生徒たちは身近な旅行のエピソードを披露するはずである。

そこで、「旅行」と「旅」の違いは何か？と問いかけてみる。どちらも、家を出て他の土地へ行くことを指す言葉であるが、それぞれの言葉が内包するイメージには若干の違いがある。「旅行」は観光の印象が強いのに対して、「旅」にはどこか、自分を見つめなおす（自照）といったイメージが付きまとう。「自分探しの旅」という言葉が生徒から挙がりやすいことからも、そのイメージの差異ははっきりとしている。この問いに答えはないが、芭蕉がこだわった「旅」への思いを読み解く前段階として、ぜひ考えさせたい。

課題「学習の手引き」

1　優れた表現や文体の特徴に注意して、音読してみよう。

〈注意すべき表現の特徴〉

・対句表現
・漢語、数詞の多用
・中国古典の引用

〈読み方の工夫〉

①教師の範読に続いて斉読する。
②生徒のみで繰り返し読む。
③ワークシートで表現の特徴をおさえる。
④ペアを作り、本文と対応する現代語訳を交互に読む（タイマーで時間を区切りながら、適宜役割を交代する）。

構造と内容の把握

目標……当時の状況や作者の思いを捉え、古典の世界に親しむ。

まずは冒頭文を読解し、音読する。「平家物語」での朗読の学習を、本作品の読みにも生かしていきたい。既習事項を確認しながら本文を読ませれば、生徒は、対句表現や漢語表現がもたらすリズムに自ずと気づくだろう。まずワークシートを利用して、そういった文章修辞を整理するのも有効である。ペアワークとして音読に取り組ませるので、ペアで対句表現の使われている箇所を探させても良い。

また、表現が生む効果についても考えさせたい。繰り返し音読した後、実際に口にした時の感覚や印象について、自由に意見を出させる。そうすることで、「固い」「格好良い」「漢文っぽい」など、漢語の格調高い雰囲気につながる印象を生徒から引き出すことができるだろう。

私が授業で使った！ ワークシート例

課題　表現の特徴を整理しよう。

1　対句表現を抜き出そう。
・月日は百代の過客にして
・【行き交ふ年もまた旅人なり】……
※生徒の実態によって、対句の一方を示した形で作っても良い。

2　漢文風の表現を抜き出そう。
・片雲　漂泊　破屋　……
　一睡　二堂　千歳　……
※生徒の実態によって、漢語や数詞を先にいくつか示しても良い。

3　対句表現や漢語・数詞の多用が生む表現の効果は？

【解答例】
・対句がイメージと思いを伝えながら漢文的なリズムを生んでいる。
・漢語を使うことで、言葉の重みが増している（格調高い）。
※格調高いという表現は出づらいがそれに近い言葉での指摘は出やすい。適宜教師が補足したい。

課題「学習の手引き」

2 芭蕉は「旅」をどのようなものと捉えていただろうか。また、旅立ちにあたってどんな思いを抱いていたのだろうか。冒頭の文章から読み取ってみよう。

【学習活動の流れ】
①生徒に予想させる
②本文（古文）から根拠を探す
③考えをまとめる
④グループで検討する

この①～④の課題をワークシートで示し、活動させる。
※②について、「予も」以降に特に注目し、芭蕉の旅への思いが表れる表現を抽出できるよう支援すると良い。

精査・解釈

目標……（前回と同様）

「旅行」と「旅」がそれぞれもつイメージについて考えることを導入とした。そこで、芭蕉が旅に出た理由について読み解くことを課題として示す。

「芭蕉はなぜ旅に出たか？」と、本文の読解に着手する前に、自由に予想を立てさせても良い。

【解答例】
〈旅とは〉
・人生そのものである。
・毎日生きていくこと自体が旅である。
〈思い〉
・家を人に譲り渡し、一生を旅に捧げるほどの強い覚悟。
・敬慕する古人のように旅に生き、旅をしながら死にたいという思い。

私が授業で使った！ワークシート例②

課題　芭蕉の「旅」への思いを探ろう。

1 冒頭部分から、旅にまつわる表現を探して抜き出そう。

【解答例】
・古人も多く旅に死せるあり。
・予も漂泊の思ひやまず
・松島の月まづ心にかかりて
・住める方は人に譲り……

2 芭蕉は旅をどのようなものととらえていたのか、またどんな思いで旅に出たのか、自分の考えを書こう。

【予想される反応】
○旅について
・人生は旅そのものだ。
○旅立ちの時の思い
・古人のように旅に生きて、旅に死にたい。憧れの場所へ行きたい。二度と戻らない覚悟で旅立ちたい。

課題「学習の手引き」

3　平泉で芭蕉が詠んだ二句「夏草や……」「五月雨の……」には、それぞれどんな思いが込められているだろうか。地の文と関連させながら考えてみよう。

【学習活動の流れ】
①「平泉」を音読する
②注釈や見開き「平泉の歴史」を参考にしながら、現代語訳を完成させる。
③俳句から読み取れる思いについて、根拠となる地の文を指摘しながら考えをまとめる。
④グループで検討する。
⑤繰り返し音読をする。

内容の読み取りでは、「平家物語」で学習した内容や、「春望」の引用にも気づかせ、復習を交えつつ学習をすすめたい。脚注を確認しながら現代語訳を作り、内容を踏まえた音読へとつなげる。

生徒にとって、江戸時代の人々からみれば平安時代末期の武将も過去の偉人であるというのはいまいちピンとこないことが多い。教科横断的に歴史の既習事項や時代区分を確認することで、五〇〇年前の英雄とその戦いに思いを馳せた芭蕉の気持ちをより深く理解できる。そして、あらためてこの作品の文学史的な立ち位置を確認できると思われる。

義経が平家を打ち倒したのち、兄である頼朝に討たれたことまでは知っていても、その最期の地が奥州平泉であることまでは把握していない生徒が多い。奥州藤原氏が三代に渡ってどのような栄華を極めたかについてのイメージをもたせておくことで、本文の描写との落差を感じることができる。「まづ高館に登れば」とあるように、芭蕉が真っ先に上ったのが義経終焉の地である高館であったことからも、芭蕉が抱いていた義経への思いの強さが読み取れるはずである。

補助発問として、「なぜ芭蕉は涙を落としたのか？」を設定し、その理由を説明させても良いだろう。

課題（解答例）

〈夏草や〉
・夏草の生い茂る情景を見て、義経とその忠義の臣たちが、一時の功名も空しく散っていったことをしのぶ気持ち。
【根拠となる本文】
・さても義臣下……功名一時の叢となる。
・国破れて……草青みたり。

〈五月雨の〉
・本来であれば、崩れ廃れて何もない叢となってしまうはずだった光堂が、風雨から守られ、こうして今も見られることを不思議に思い、喜ぶ気持ち。
【根拠となる本文】
・既に頽廃空虚の叢となるべきを……しばらく千歳の記念とはなれり。

古文において、筆者が何かしらを回想するという形は、生徒にとってあまり馴染みがない。「叢と」なったのはだれか、「叢と」なるべきだったのは何かなど、主語を捉えられず理解に苦労する生徒がしばしば見受けられるので、その都度、「主語は何か」を補助発問として支援すると良い。

また、「不易流行」の思想は、松尾芭蕉とおくのほそ道を学ぶ上で重要である。「功名一時の叢」となった義経たちへ思いを馳せて涙を流す一方で、本来は「頽廃空虚の叢」となるはずの光堂と相まみえたことに不思議を感じたこの「平泉」からは、その思想を直接に読み取ることができる。永遠に変わらない本質と、時代とともに生滅し移り変わるものがあるという原理が、俳諧の根幹となっていることを押さえたい。

【古典の教材研究のポイント①】

○作品同士の影響関係

古典作品は、その作者が無から生み出したものでは決してない。例えば「源氏物語」はそれまでにあった歌物語や作り物語の集大成とも言える作品であり、「狭衣物語」や「浜松中納言物語」など、後に作られた作品に多大な影響を与えているのは言うまでもない。

中でも、中国の古典作品からの影響は、意識すべきポイントである。本邦に現存する最古の史書である古事記であっても中国の影響を大きく受けているし、枕草子でも頻繁に漢詩の引用がされている。第二学年で学んだ平家物語の「祇園精舎」においては、「異朝」として古代中国の故事が歌われていた。

「おくのほそ道」も例外ではなく、冒頭における「古人」は李白や杜甫などの詩人を指す言葉であり、杜甫の「春望」を踏まえた描写が「平泉」における旅のイメージを形作っている。教材研究においては、影響関係を忘れずに意識したい。

課題「学習の手引き」

4 「おくのほそ道」では、文章と句が組み合わされている。それがどのような効果をもたらしているかを考え、話し合ってみよう。

【予想される生徒の反応】
・冒頭文では、二度と戻らない旅への決意と、主が変わった家を想像して詠んだ句が合わさることで、旅立ちの印象を深めている。
・平泉では、芭蕉の高ぶった気持ちを端的に表している。また、光堂でも、芭蕉の感動の気持ちを短くまとめている。
・芭蕉の心情を分かりやすく伝えている。
・情景をイメージさせる。
・文章を締めくくる役割がある。

考えの形成、共有

目標……構成や表現の特徴と、その効果について考える。

作品中に詩歌が挿入される形式は、作り物語や歌物語、日記など様々な古典作品の中に見られる形である。「おくのほそ道」ではその形がどのような効果をもたらしているかを考えるには、俳句と地の文との関係に注目させるのが良い。

芭蕉は、地の文のクライマックスに句を配置することで、それまでつづってきた自分の思いをそこに集約させ、端的かつ効果的に表現している。そのため、地の文とどう関連しているか、その響き合う部分を整理することで、具体的にその効果を実感することができるはずである。読者としてどのような読後感があるか、グループで話し合えるとより学びが深まる。

【古典の教材研究のポイント②】

○韻文（和歌・俳句など）

日本文学の発生は歌である。古代歌謡が七五調の和歌を生み、連歌を生み、芭蕉のもとで俳諧が生まれた。韻文を教材に採る場合は、そういった文学史の事情も念頭に置きたい。詩→短歌→和歌→俳句、という流れで韻文を学ぶが、その過程で修辞技法を押さえることは重要である。俳句においても、切れ字や季語などの修辞を踏まえて意味を読み解く視点が必要となる。

ただし、和歌の読み解きでは詞書を含めて解釈する視点が必要とされるように、「おくのほそ道」という紀行文においても、俳句だけを抽出して解釈してはいけない、という点に留意する。地の文に描かれた句の背景を踏まえて読むことが重要であり、修辞に固執し過ぎることがないように注意したい。

「読みの三層」ルーブリック

	教材の課題	A　十分達成している	B　おおむね達成している	C　達成していない
構造と内容の把握	①優れた表現や文体の特徴に注意して、音読してみよう。	対句や数詞、漢語などの表現の効果を理解し、適切に音読できている。	対句や数詞、漢語などの表現を意識して音読できている。	補助発問・ヒント ・文節ごとに区切って読んでみよう。 ・歴史的仮名遣いのきまりを確認してみよう。 ・対句や数詞、漢語などの表現を確認してみよう。 ・固有名詞の読みと意味を確認してみよう。
精査・解釈	②芭蕉は旅をどのようなものと捉えていただろうか。また、旅立ちにあたってどんな思いを抱いていたのだろうか。	「旅は人生そのものである」「生きることこそが旅である」という旅への思想を冒頭文から読み取り、自分の言葉で表現できる。また、旅立ちにあたっての覚悟と旅への憧れを読み取り、自分の言葉で表現できる。	「旅は人生そのものである」「生きることこそが旅である」という旅への思想を冒頭文から読み取っている。また、旅立ちにあたっての覚悟と旅への憧れを指摘できる。	補助発問・ヒント ・旅に関する言葉はどれか、探してみよう。 ・予「も」という助詞に注目し、古人の生き方と同じようにしたいという芭蕉の思いを読み取ってみよう。 ・旅立ちにあたって、芭蕉は自分の家をどうしただろうか。読み取ってみよう。
考えの形成、共有	③平泉で芭蕉が詠んだ二句「夏草や……」「五月雨の……」には、それぞれどんな思いが込められているだろうか。地の文と関連させながら考えてみよう。	句と地の文との関連を指摘し、芭蕉の思いを推察して自分の言葉で表現できる。また、二つの句の感動の対照についても指摘できる。	句と地の文との関連を指摘し、芭蕉の思いを推察できる。	補助発問・ヒント ・芭蕉が涙を落したのはなぜか、考えてみよう。 ・光堂が千歳の記念として残ったのはなぜだろうか。本文から探してみよう。
	④「おくのほそ道」では、文章と句が組み合わされている。それがどのような効果をもたらしているかを考え、話し合ってみよう。	文章と句が組み合わされることによってもたらされる効果を、読み手の立場や書き手の立場になって多角的に指摘できる。	文章と句が組み合わされることによってもたらされる効果を指摘できる。	補助発問・ヒント ・この作品に句がなかったらどんな印象を受けるか、想像してみよう。 ・句と関連している地の文をもう一度確認して、句が何を表現しているか考えてみよう。
	【古典に親しむ態度の評価】 文章や句に込められた思いや、文章と句が組み合わされることの効果などについて振り返りをする。	文章や句に込められた思いや、文章と句が組み合わされることの効果などについて自分の言葉でまとめられる。また、芭蕉の旅への思いや考え方に対して自分の考えを形成し、表現できる。	文章や句に込められた思いや、文章と句が組み合わされることの効果などについて自分の言葉でまとめられる。	

ルーブリックと授業活動

「おくのほそ道」は俳諧紀行文であり、句の解釈は当然必要だ。しかし、紀行文である以上、句単体での解釈では不十分である。課題設定もそれを踏まえ、文体や表現の効果を理解することや、句を挿入することによる効果について考えるものとなっている。点ではなく、全体で作品を読み解くことを目標にさせたい。

また、音読も重要な課題である。表現の効果を十分に理解した上で、それを意識した音読を実践できるように指導する必要がある。内容の読解を踏まえた音読を繰り返し行っていきたい。

授業で使える！ ワークシート

（第2次　ワークシート例）

【本文】

三代の栄耀一睡のうちにして、大門の跡は一里こなたにあり。秀衡が跡は田野になりて、金鶏山のみ形を残す。まづ高館に登れば、北上川、南部より流るる大河なり。衣川は和泉が城を巡りて、高館の下にて大河に落ち入る。泰衡らが旧跡は、衣が関を隔てて南部口を差し固め、夷を防ぐと見えたり。さても、義臣すぐつてこの城に籠もり、功名一時の叢となる。「国破れて山河あり、城春にして草青みたり。」と、笠打ち敷きて、時の移るまで涙を落としはべりぬ。

夏草や兵どもが夢の跡

卯の花に兼房見ゆる白毛かな　曽良

かねて耳驚かしたる二堂開帳す。経堂は三将の像を残し、光堂は三代の棺を納め、三尊の仏を安置す。七宝散りうせて、珠の扉風に破れ、金の柱霜雪に朽ちて、既に頽廃空虚の叢となるべきを、四面新たに囲みて、甍を覆ひて風雨をしのぎ、しばらく千歳の記念とはなれり。

五月雨の降り残してや光堂

【現代語訳】※【　】が抜く部分です。

奥州藤原氏三代の栄華は【一睡の間】に見た夢のようにはかないものであって、大門の跡は一里ほど【手前にある】。秀衡の館の跡は田畑や野原になって、金鶏山だけが【当時の形を】残している。まず高館に登ると、北上川が眼前に流れているのが見えるが、これは南部地方より流れる大河である。衣川は和泉が城の周りを巡って、高館の下で北上川に流れ込む。泰衡たちの旧跡は、衣が関を【間に置いて】、南部へ通じる関門の警護を厳重に固め、蝦夷の侵入を防いでいるように見える。【それにしても】(義経が)忠義の臣たちをえりすぐってこの高館に籠もって戦ったが、功名を立てたのも【一時のはかないこと】で、今は草むらになっている。「国破れて山河あり、城春にして草青みたり(国の都は破壊されても山や河は【元のまま存在しており】、町は春になって【草や木が生い茂っている】)」と【杜甫】の詩を思って笠を敷いて、時間が経過するまで【涙を落としたことであった】。

夏草や兵どもが夢の跡

卯の花に兼房見ゆる白毛かな　曽良

以前からすばらしいと【話に聞いていた】二堂が開帳されている。経堂は(清衡・基衡・秀衡の)三代の将軍の像を残し、光堂は三代の棺を納め、三尊の仏像を安置している。七種の宝は散りうせて、珠玉で飾っていた扉も【風によって破損し】、金の柱も【霜や雪によって】朽ちて、もう少しで崩れ廃れて、【何もない草むら】となってしまうはずのところを、周りを新しく囲んで、屋根に瓦を葺いた鞘堂を造って雨風をしのぎ、しばらくの間は【千年の昔】をしのぶ記念(として保存されること)になっているのである。

五月雨の振り残してや光堂

ワークシートの活用では

現代語訳を作る活動では、生徒の実態に合わせて、全訳をさせる場合と穴埋めの形をとる場合とがある。

訳のポイントは古語を現代語の意味に直すことと、主語や助詞を補うことである。古文に特有の固有名詞（人名や地名など）は訳さなくてよいことをあらかじめ指示することで、何もかもを現代の言葉に言い換えようとするのを防ぐことができる。

↑
154～155ページのデータのダウンロード用QRコード

あとがき

コロナ禍で授業参観の機会が一気になくなりました。「良い授業をしたければ、たくさんの授業を見なさい。」と教えられてきた私にとっては、学びの場を奪われたようなさみしい時が流れました。それを救ってくれたのが「ことばをひらく会」の仲間たちです。皆、勤務する学校も経験や立場も異なりますが、子供たちの「言葉の力」を確かなものとするために、国語の授業について考えることが大好きだという点は共通しています。勉強会（最近はもっぱらオンラインですが）では、実践した授業について振り返ったり、これから行う授業について意見を述べ合ったりし、研究活動を積み重ねてきました。発足から9年、勉強会もかれこれ100回を数えます。

今回、私たちが若い先生方向けに、「学習の手引き」を活用した授業づくりについてまとめるにあたり、考えたのが教材の選定です。教科書によって掲載されている教材が違うため、まずはどの教科書にも掲載されているものを優先しました。また、新しい教材や複数の教科書で取り上げられていない教材でも、手引きで示されている読みの手法が、他教材でも活用できるようなものを選び、汎用性のあるものにしたつもりです。

私たちはこれまで、各地の先生方の授業や研究から多くのことを学んできました。「学ぶ」（まねぶ）の通り、他の先生方の実践をそのまま、まねてみたこともあります。自分流にアレンジしてみたり、他の教材で試してみたりもしたこともあります。それにより新しいアイデアが生まれ、次の授業づくりにつながっていったことも少なくありません。対面での研究会等がなくなり、授業実践に触れる機会が減りましたが、この本をその代わりとして使っていただけたら幸いです。そのままなぞってみるのはもちろんですが、学習者の実態に合わせて発問やワークシートをアレンジしたり、ワークシートの代わりにＩＣＴを用いたり、活用の仕方は様々です。

先生方は、日々多様な業務に追われ、教材研究に当てられる時間も限られています。それでも毎日授業の時間は訪れます。この本を手に取って、授業づくりの参考にしていただければと思いますが、機会があれば、ぜひ研究発表会等に参加してください。オンラインで授業が行われていたときに感じたのは、今この瞬間、学習者が何を考え、どこでつまずいているのかを、どのように見取ったら良いのだろうということでした。子供達一人一人のつぶやきや表情の変化は、指導書やこのような参考書を読んでも見えるものではありません。授業について互いに意見できる仲間を見つけてください。自分一人では気づけない示唆を与えてくれるはずです。

いつかどこかで、国語の授業を考える仲間として、皆様と語り合える日が訪れることを心待ちにしています。

内川美佳（茨城県立竜ヶ崎第一高等学校附属中学校 教頭）

［著者一覧］

鈴木一史　茨城大学教育学部教授

安　暁彦　茨城大学教育学部附属中学校主幹教諭

比佐　中　茨城大学教育学部附属小学校教諭

三原知弥　鹿行教育事務所学校教育課指導主事

小林圭太　茨城大学教育学部附属中学校教諭

石﨑智恵子　水戸市立石川中学校教諭

森　有彩　水戸市立石川中学校教諭

中村麻里那　茨城大学教育学部附属中学校教諭

矢﨑寛子　茨城県立水戸第一高等学校附属中学校教諭

内川美佳　茨城県立竜ヶ崎第一高等学校附属中学校教頭

古川理彩　筑西市立下館西中学校教諭

阪井一仁　株式会社学芸みらい社編集部／東京都公立小学校教員

八重柏由佳　茨城県立竜ヶ崎第一高等学校附属中学校教諭

［編著者紹介］

鈴木一史（すずき・かずふみ）

茨城大学教育学部 教授。千葉県出身。筑波大学大学院教育研究科修了。東京大学教育学部附属中等教育学校教諭等を経て、2012年から現職。
解釈学常任委員、日本国語教育学会理事、教育出版中学校国語教科書編集委員。「日本語コーパス」（BCCWJ）の作成に参画して教科書コーパスなどの作成や作文の語彙分析などデータに基づく学習効果と教育的利用の研究を進め、学習者に密着した実践と理論の架橋を行っている。

国語学力UP！
ザ・中学国語授業
言語力3倍深まる「学習の手引き」活用術

2023年4月5日　初版発行

編 著 者　鈴木一史
著　　者　ことばをひらく会
発 行 者　小島直人
発 行 所　株式会社 学芸みらい社
〒162-0833 東京都新宿区箪笥町31番 箪笥町SKビル3F
電話番号：03-5227-1266
HP：https://www.gakugeimirai.jp/
E-mail：info@gakugeimirai.jp
印刷所・製本所　藤原印刷株式会社
企画・校正：阪井一仁／協力：樋口雅子
ブックデザイン　吉久隆志・古川美佐（エディプレッション）

落丁・乱丁本は弊社宛お送りください。送料弊社負担でお取り替えいたします。

ISBN978-4-86757-022-7 C3037